봄날은 간다
방적공장 소녀, 징용

봄날은 간다 - 방적공장 소녀, 징용

초판 1쇄 발행 2013년 7월 31일
초판 4쇄 발행 2022년 10월 20일

글 | 정혜경
그 림 | 월아
펴낸이 | 윤관백
펴낸곳 | 선인
등 록 | 제5-77호(1988.11.4)
주 소 | 서울특별시 양천구 남부순환로48길 1, 1층
전 화 | 02)718-6252/6257
팩 스 | 02)718-6253
이메일 | sunin72@chol.com

정 가 | 9,000원

ISBN 978-89-5933-473-5 (세트)
      978-89-5933-635-7 94900

· 저자와의 협의에 의해 인지 생략.
· 잘못된 책은 책은 바꾸어 드립니다.

:: 봄날은 간다
방적공장 소녀, 징용

프롤로그 06

첫 번째 이야기
순이와 쌀가마 　　　　　　　　　　　　　　　　　　　11
나랏님 같은 구장 나으리, 동네 어르신 　　　　　　　12
뽕나무 심는 마을에서 추석날 태어난 성아 　　　　　20
성아는 봄날이 좋다네요 　　　　　　　　　　　　　25
오늘은 이상한 날 　　　　　　　　　　　　　　　　28
성아가 길을 떠나네 　　　　　　　　　　　　　　　37
성아 없는 추석 　　　　　　　　　　　　　　　　　44
꽃가마 탄 성아 　　　　　　　　　　　　　　　　　49
주저앉은 어머니, 무너진 하늘 　　　　　　　　　　53
봄에 떠나 겨울에 돌아온 성아 　　　　　　　　　　60
순이와 쌀 가마니 　　　　　　　　　　　　　　　　62
올해 성아의 나이는 겨우 열 살이었습니다 　　　　　66

두 번째 이야기
팔도에서 모인 청진 다이니치보의 '산업전사' 　　　71
나는 열 두 살이다. 　　　　　　　　　　　　　　　72
공출이라고 　　　　　　　　　　　　　　　　　　　75
도대체 '산업전사'가, '여자근로정신대'가 뭐란 말인가 　78
높은 성 같은 청진 공장 　　　　　　　　　　　　　81
우리가 마지막인가 보다 　　　　　　　　　　　　　86
팔도에서 다 모였네 　　　　　　　　　　　　　　　88

나라를 위해 천황폐하를 위해 실을 잣는 아이들	91
군복을 만들어라! 군복을!	94
감독의 채찍에 돌아가 버린 매정한 와쿠	96
시도 때도 없는 손찌검	100
징용이어서 다행이라고	101
공습이다!	103
불타는 공장, 눈앞에 펼쳐진 고향 우리 집	106

세 번째 이야기

그저 햇살을 기다리고만 있지 않으련다	113
나는 소녀입니다	114
나는 방적공장의 꼬맹이입니다	116
우리도 사람인데요	118
그저 참고 있으라고 할 밖에요	120
그래도 햇살이 그립습니다	123
지옥철, 1945년 여름	125
드디어 열린 공장문	127

에필로그	131

프롤로그

전쟁의 피해자는 병사들만이 아니다. 여성과 어린이가 가장 큰 피해자이다. 전쟁은 인간의 탐욕이 만들어내는 어리석은 짓이다. 안해룡 감독의 다큐멘터리 영화 '나의 마음은 지지 않았다'에서 일본군위안부피해자 송신도 할머니는 소리친다.

"바보들아, 전쟁하지 마!"

우연히 접한 10세 소녀 김순낭의 사망기록이 이 책을 쓰게 만들었다. 부산방직 기숙사에서 사망했다는 짧은 기록. 부산방직 공장은 외갓집 바로 옆에 있었지만 이런 사연이 있는 곳이었다니.

고통스러웠다. 방적공장에 동원된 열 살 내외 소녀들의 이야기를 풀어내는 일은 고통스러웠다. 소녀의 죽음을 묘사하는 대목을 쓸 때에는 심장이 뛰고 손이 벌벌 떨렸다. 아무리 "이건 다 지나간 과거의 이야기일 뿐. 지금 나와 상관없는 일이야."라고 마음을 다잡아도 멈출 수 없었다.

2011년 가을부터 시작한 '폭풍집필'은 한 겨울을 넘겨 2012년에 초고를 마쳤다. 겨우 내내 썼다.

추웠다. 겨울이어서 추운 것이 아니다. 북향집이어서 추운 것만은 아니다. 가슴이 너무 서늘했기 때문이다. 고통스러워서, 추워서 덜덜 떨면서 글을 마쳤다.

후회했다. 처음으로 후회했다.

일본이 저지른 아시아태평양전쟁 기간 동안 한반도 군수공장에 동원된 소녀들의 실태에 관심을 가진 것을 후회했다. 다른 전공이 아닌 강제동원 연구자임을 후회했다. 몰라도 될 일을 굳이 들추어 글로 이어가는 이 아집이 싫었다.

그래서 소책자를 쓰는 작업은 힘들고 더뎠다.

일본이 저지른 아시아태평양전쟁(1931~1945)에 동원된 조선인은 남성만이 아니었다. 여성들도 있었다. 전쟁터에서 병사를 돌본 간호부도 있었고, 일본군 위안부도 있었지만, 더 많은 여성들이 방적공장과 비행기부품조립공장, 탄광 등지에 동원되었다. 한국정부에서 피해자로 판정받은 여성노무자의 숫자만 해도 300명이 넘는다. 소녀들은 일본으로, 만주로 그리고 북선北鮮으로 갔다. 이웃 마을의 공장으로 가기도 했다. 소녀들은 대부분 눈부시게 맑은 봄날에 고향을 떠났다. 그러나 한국사회는 물론 학계에서도 이들을 주목하는 이는 드물었다. 전쟁 피해자는 남성이라는 인식이 일반적이기에.

　이제는 알아야 한다. 열 살 남짓한 어린 소녀들이 봄날에 집을 떠나 군수공장에서 고사리 같은 손으로 군수품을 만들어야 했다는 것을. 성인에 맞춰진 기계와 작업 공정으로 인해 아동들의 사망과 부상율은 더 높았다는 것을. 전쟁이 끝난 후 수십 년의 세월이 흘러도 소녀들의 경험에 귀 기울이는 사람은 없었다는 것을. 이들에게 필요한 것은 한국 사회가 기억해주는 일이라는 것을.

　『봄날은 간다 : 방적 공장 소녀, 징용』은 이런 이야기들을 함께 나누려는 첫 걸음이다. 일본 침략전쟁에 필요한 군수물자를 생산에 동원된 여성들, 그 중에서도 나이 어린 소녀들이 한반도의 방적공장에서 겪은 이야기를 담았다.

　『봄날은 간다 : 방적 공장 소녀, 징용』은 강제동원&평화총서 담장(談場) 시리즈의 세 번째 책이다. 이 책은 『지독한 이별 : 1944년 에스토르』(담장 제1권)보다 픽션의 비중을 늘렸다. 아동들이 전쟁 기간 중에 집을 떠나 한반도 이 곳 저 곳 군수공장에서 가냘픈 몸을 부려야했던 시절의 모습을 독자들에게 효과적으로 전달할 방법을 고민했다. 그림을 담고, 문장은 대폭 줄였다.

　'광주5.18민주항쟁은 북한군의 폭동'이고, '야스쿠니신사(靖國神社)는 젠틀맨'이라는 학생들의 무지를 개탄하기에는 어른들의 불찰과 무책임이 뼈아프다. 역사대중화를 위해 탄생한 일제강제동원&평화연구회의 행보가 중요한 이유이다.

2012.5.24 대법원 판결을 통해 위로 받은 이들을 볼 수 있었던 것은 행운이었다. 물론 이 판결이 피해자와 유족들에게 즉각적인 보상으로 이어지는 것은 아니지만, 해방 후 단 한 번도 이들의 편을 들어준 이 없었던 한국사회가 조금이나마 빚을 갚는 기회라 생각되어 다행스러웠다. 10.26 서울시장 선거에서는 만세를 부를 정도의 감격을 맛보았다.

그러나 이 글을 쓰는 동안 마음 아픈 일이 더 많았다. 힘겨운 순간도 있었다. 고문의 후유증으로 생을 마감한 민주주의자 김근태님의 명복을 빌어야 했다. 피로 일군 한국 민주주의가 절체절명의 위기를 맞는 것이 아닌가 하는 답답함을 떼 내지 못한 기간은 매우 길었다. 내 좁은 소견으로 인해 아끼던 동료가 직장을 떠나야 했고, 피해자를 팔아먹는 먹물들의 농간을 계속 목도해야 했다. 늘 맞닥뜨리는 위선 앞에서 강해지지 않는 면역력을 탓하고 있어야 했다.

어려운 상황은 글을 마치고 그림이 완성되기를 기다리는 동안 더 심해졌다. '아침 이슬'을 못 부르게 하던 70년대를 잘 견뎠다 했더니, 주먹 쥐고 부른다고 '임을 위한 행진곡' 제창이 공식 행사에서 금지되는 시절을 맞았다. 공중파에서 '5.18민주항쟁은 북한군의 소행'이라는 폭언이 난무하고, 국가정보원이 조직적으로 대선에 개입한 정황이 드러나도 사회는 침묵한다. 악몽이면 좋으련만 현실이다.

야스쿠니칼에 찔린 듯 깊고 오래가는 상처를 치유하는 길은 사람의 힘이다. 오랜 친구들과 어깨를 걸고 손을 잡았다. 아플수록 서로 안아주고 토닥거려주는 사람들 속에서 연대의 힘을 배운다. 역사상 최초로 국내에서 강제동원 현장 답사 프로그램 '일제강제동원현장을 가다—광주 · 전남'('근로정신대할머니와 함께 하는 시민모임' · 일제강제동원&평화연구회 공동 주최)에 동참해 힘을 얻었다. 공장 비번 날이라고 참가한 청년들, 이 책 주인공과 같은 또래인 미취학 아이들은 희망의 홀씨를 날려준다.

고마운 이들을 기억한다.

등짐을 나누고 함께 걷고 싶어 하는 친구들. 힘에 부친다 생각해 두리번거리면 어느 새 팔 걷어 부치고 서 있는 열혈 장년들. 진정성과 열정으로 똘똘 뭉친 광주 '근로정신대할머니와 함께 하는 시민모임' 회원들. 전쟁 피해자의 아픔을 해결하는 일이라면 늘 한 발 앞서 있는 이명수 의원실 식구들. 학문 동지이자 연구회 동무이며 직장 동료였던 허광무·오일환·심재욱 박사. Facebook에서 격하게 응원해주는 동무들. 일년 내내 각종 먹거리를 챙겨주시는 연난실님.

이번에도 책 작업에 동참한 월아. 남의 아픔을 견디기 힘들어하는 월아에게 일제말기 소녀들의 사연을 그림으로 풀어내는 일은 무척 힘들었단다. 잘 견뎌주어 고맙고 자랑스럽다. 독학으로 시작한 작가의 길은 여전히 거칠다. 뚜벅뚜벅 걷는 길에 놓인 작은 돌멩이라도 힘이 되어주면 좋겠다.

2012년 말, 가슴 벅찬 순간은 오지 않았다. 5년간 갇혀 있던 어둠이 끝나길 원했으나 희망은 허무하게 사라졌다. 큰 욕심은 없었다. 그저 집나간 상식常識이 돌아오길 바랐을 뿐이다. 그러나 상식이는 여전히 돌아오지 못하고 더 먼 곳에서 방황하고 있나보다.

이제는 어둠이 사라지기를 기다리지 않겠다. '돌아오지 않는 상식이'를 그리워하고 있지 않겠다. 기다림을 접고 빛을 찾는 여정을 택하련다. 칠흑 같은 어둠이지만 여기 저기 작은 등불을 내거는 손들이 보인다. 나도 작은 등불을 만들어 내걸기로 했다.

동무들과 어깨를 겯고. 꼿꼿이.

2013년 6월 정혜경

첫 번째 이야기
순이와 쌀 가마

나랏님 같은 구장區長 나으리, 동이네 어르신

"순님아, 혼자 있나? 성아 어데 갔노?"

갑자기 집으로 들어온 어머니가 성아[언니, 兄]를 찾습니다. 지금은 아침녘이라 이제 밭일을 한창 하고 있을 시간인데, 어머니가 집으로 돌아오다니, 참 이상스럽습니다.

"성아, 산에 안 갔능교?"
"산은 와?"
"어무이가 나무새[나물] 쪼매 해놓고 밭에 나오라 안캤능교?"

어머니의 뒤를 이어서 어르신이 들어섭니다. 가을걷이한 나락을 내갈 때도 아닌데, 동이 아재가 같이 오다니 더 이상스럽습니다. 어르신은 높은 사람이어서 나락이나 그릇 공출할 때가 아니면 우리 집에 오는 일이 거의 없거든요.

"그랬구마. 근데 니는 같이 안 가고 순이 혼자 갔나?"
"어데얘? 내도 갈라캤는데, 어무이가 내 보고 정제[부엌] 좀 치우라캐가 내는 안가고, 성아만 갔다 아인교? 순남이 데꼬…. 생각 안 나는교?"
"우야꼬. 면(面)에서 급하다 카는데…. 니 퍼뜩 가가, 성아 좀 델꼬 온나."
"성아 인자 올끼구마요. 데불러 가기는 ….."

"순님이 니 뭐라카노? 어메가 급하다 카는 데, 니 뭐라카노? 퍼뜩 안 가나? 아재 앞에서 …."

그냥 한번 해본 말인데, 평소 같지 않게 어머니의 눈빛이 좋지 않습니다. 이 시간에 갑자기 들어온 것도 이상한 일인데, 동이 어르신까지 같이 들어와서 성아를 찾아오라 재촉하니 무슨 일인지 모르겠습니다.

"갈끼구마요."

나는 입이 댓발이나 나와서 한마디 더 거듭니다. 그냥 참아도 될 것을요.

"하이고. 니 참말로 …."

어머니가 잠시 끌탕을 하고는 이내 마루에 걸레질을 하며 아재를 챙깁니다.

"아재요 쪼매 올라오시소. 순이, 이내 올낍니더."
"됐구마는. 내 가는 길에 논에 들리가 순남 아배한테 이야기 하쿠마."

아버지에게 이야기한다는 말이겠지요.

"어데예? 순이 이내 올낀데 …. 순님이 니 안즉 안갔나?"

어머니는 괜히 나만 잡도리하려고 하네요. 아무래도 동이 아재가 아버지와 이야기하는 것이 편해서 그러는 것일텐데요.

참, 어르신 말 한마디에 다들 오금이 저리나 봅니다. 물론 이유가 있겠지요.

아무튼 어머니 서슬에 나는 대충 손에 물기만 털고 부엌을 나와 문 밖으로 나섰습니다.

봄이라도 바람은 아직 찹니다. 이제 겨우 삼동三冬을 지났을 뿐이라 그런 게지요. 바람에 어깨를 움츠리고 아직 물기가 덜 마른 손을 양 소매에 찔러 넣은 채 부지런히 걸음을 옮깁니다.

그런데 어른들 이야기를 들으면, 봄은 바람만 찬 게 아니랍니다. 봄은 배가 고픈 계절이기도 한다고 합니다. 보리 수확을 할 때 까지는 먹을 것이 없어서 그렇다는 이야기지요. 물론 겨울에도 배는 곯지만 추워서 들에 나가 할 일이 없으니 몸은 편한 편이라고요. 그러나 봄은 다르답니다. 겨울보다 더 많이 육신을 움직여 일을 해야 하니 배곯는 사람들에게는 힘든 계절이라는 말이지요.

어른들 말로는, 예전에는 우리가 가진 논밭으로 '입에 풀칠'은 할 수 있었답니다. 거기다가 곶감도 빚어서 장에 내고, 누에도 치고 하니 사는 것은 괜찮은 편이었답니다. 화서면에서 자기 땅 가진 사람은 많지 않았다고 해요. 그런데 우리 집은 땅을 가지고 있었습니다.

상주는 경상도에서 치면 북서쪽 맨 끝자락입니다. 충청북도가 더 가깝습니다. 더구나 우리 동네 화서면은 읍내에서도 제일 멀리 떨어져 있고, 상주에서도 서쪽 끝입니다. 읍내에서 동쪽으로 가면 낙동강이 흘러서 물도 많고 농사가 잘 되지만 화서면은 그런 곳은 아니랍니다. 춥고 물도 많지 않은 곳이지요. 그러니 우리 집과 같이 논을 가지고 있는 집은 드물어요.

그래도 다른 마을에는 금 캐는 곳도 있고 흑연 캐는 곳도 있어서 거기서 일하는 사람들도 많고, 외간 남자들 출입도 많다는데, 우리 마을은 그런 곳은 없어요. 그래도 우리 집은 논을 가진 덕에 배를 곯거나 하지는 않았다고 합니다.

그런데 전쟁통이 되고 보니 사는 것이 어렵게 되었다 하네요. 열심히 농사를 지어도 우리 것이 안 되고 공출을 한 후 배급을 받아서 살아야 하니 그렇다지요.

더구나 우리 집은 딸이 둘이고 아들이 아직 갓난쟁이인 순남이 밖에 없으니 배급량이 적다고 해요. 그래서 식구들이 늘 배를 줄여야 한다지요.

그래도 우리 집은 많지는 않지만 논을 조금 가지고 있다 보니 아버지가 징용에 가지 않았습니다. 특히 얼마 전부터는 아버지가 '전시농업요원'으로 지정되었다고 합니다. 동이 어르신이 경북 도지사의 도장을 박은 증명서를 갖다 주어서 아버지는 그것을 소중하게 벽에 붙여 두었습니다.

이 증을 받은 사람은 징용에 가지 않는 대신 더욱 열심히 나락을 공출해야 한다는 의미라고 하네요. 그러면 좋다는 소리인지 더 나빠진다는 소리인지 알 수가 없습니다.

조선총독부는 매년 전 조선에서 생산되는 쌀의 50~60% 정도를 공출하도록 할당했다. 그런데 시간이 지나면서 공출을 해야 하는 쌀의 양은 할당한 양보다 많았다. 더구나 당시 조선에서는 대규모 가뭄이 계속 일어나 할당량을 맞추기 힘들었다. 1939년에 일어난 큰 가뭄의 타격은 매우 오래 갔다. 1942년에 가뭄이 다시 들었고, 1943년에는 수해가 났다. 가뭄과 수해가 계속되면, 당연히 생산량이 격감할 수밖에 없다.

첫 번째 이야기 • **15**

그럼에도 전쟁이 길어지면서 도리어 할당량보다 공출량은 높아만 갔다. 일본 본국에서 조선에 식량공출을 강요한 때문이다. 이러한 식량 공출량을 맞추려니, 조선총독부는 특단의 대책을 마련해야 했다. 그래서 만든 제도가 바로 '전시농업요원제도'나 '농업생산책임제'이다.

전시농업요원제도는 1944년 9월에 마련한 '농업요원설치요강'에 따라 만든 제도이다. 식량증산을 위한 농업요원은 노무동원 송출대상자(징용)에서 제외하고 농업에 종사하게 했다.

농업생산책임제는 지주의 경제력을 활용하는 방안으로 1944년부터 시행되었다. 농지 소유자인 지주를 생산책임자로 하고 경작자 역시, 마을 단위로 연대 책임을 지도록 하여 생산책임수량달성을 마을 전체가 공동으로 지도록 하는 제도였다.

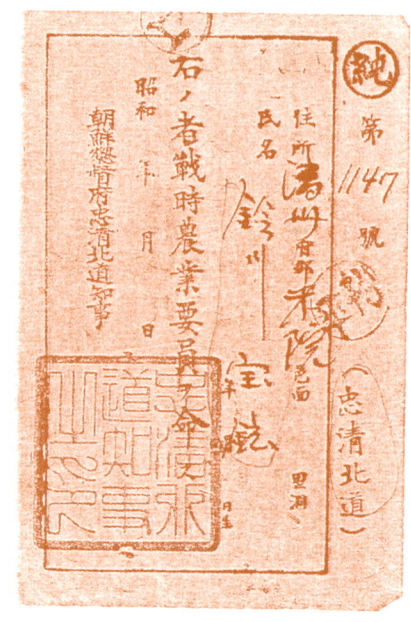

전시농업요원 증명서(대일항쟁기 강제동원피해조사 및 국외강제동원 희생자 등 지원위원회 소장 자료)

하여튼 아버지가 징용에 나가지 않아도 되었으니 다행 중에 다행입니다. 물론 그 대신 우리 집은 나락을 내야해요.

사정이 이렇다보니 아버지가 일년 내내 농사를 지어도 나락은 우리 것이 아닙니다. 탈곡하고 떨어진 찌꺼기나 우리 차지가 되는 것이지요. 그러나 어른들은 그나마 눈 감아 주는 것이 얼마나 고마운 일이냐고 해요.

한편 생각해보니, 맞는 말이더군요. 그것마저 없다면 우리는 무엇을 먹고 어떻게 살겠어요?

배급만으로는 어림도 없지요. 동이 어르신이 눈 감아 주어서 탈곡하고 떨어진 찌꺼기를 챙길 수 있어요. 그러니 모든 것이 감사할 뿐입니다.

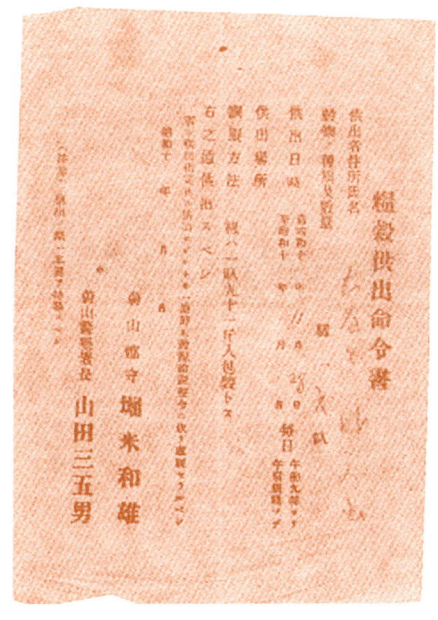

한산 군수가 관내 농민들에게 양곡 공출을 요구하는 명령서(강제병합 100년 특별전 도록 '거대한 감옥, 식민지에 살다', 2010, 187쪽)

매년 가을이 되면 어르신이 들에 나와 나락 실어내는 것을 지켜봅니다. 공출이라고 하지요.

집에 와서 확인하는 일도 있습니다. 어르신은 이런 일이 싫지만 위에 높은 분들이 시켜서 하는 일이라네요. 혹시 몰래 빼돌린 것이라도 있나 조사하라고 해서 억지로 한다는 말이죠. 어르신같이 높은 양반도 하기 싫은 일이 있나 봅니다.

그래서 그런지 어르신은 동네에서 여간 대접받는 것이 아닙니다. 마을 사람들이 돌아가며 집안일을 해주기도 하고, 늘 그 집 눈치를 봐야 합니다. 아무튼 어르신은 동네에서 나랏님이나 진 배 없습니다.

어르신은 구장區長입니다. 구장은 면의 직원이기는 한데, 면사무소에서 일하지 않고 마을에 살면서 여러 가지 면의 일을 해 주는 사람입니다. 어떤 사람들은 이사장理事長이라고도 불렀습니다. 애국반의 이사장이라고요.

그런데 우리 부모님들은 그냥 '동이 아재[아저씨]'라고 불렀습니다. 가까운 집안 어른이기도 하고 아재가 그렇게 부르라고 해서요. 그러니 나에게는 동이 할아버지 정도 되는 셈인데요. 어머니가 우리보고는 '동이 어르신', 또는 '어르신'이라고 부르라고 하더군요. 마을의 높은 분께 할아버지라고 부르는 것은 버릇없는 일이라나요.

전쟁 통에 구장이 하는 일은 사람이나 식량을 공출하고 배급 주는 일이 제일 중요합니다. 군인 데려가는 일도 구장이 합니다. 우리 동네 사람들 징용 나가는 것도 어르신이 정한다고 합니다. 배급도 어르신이 준다고 하지요. 그래서 다들 어르신을 염라대왕만큼 무섭다고 합니다.

어르신이 징용 갈 사람들을 직접 데리고 군청에 데려다 주고 온답니다. 마을 대소사는 물론 동네 저수지 공사 까지 모두 그 입으로 결정하므로 동네에서 감히 그 뜻을 어기는 사람이 없습니다. 그러니 '동네의 우두머리'라고나 할까요. 그러니 모두들 그 앞에서는 꼼짝을 못할 밖에요.

그렇다고 어르신이 다른 동네사람들한테 뭐라고 하고, 무서운 얼굴을 하는 것은 아니지요. 그런데도 사람들은 어르신을 어려워합니다. 그래서 나도 어르신이 무섭습니다.

어머니는 '그래도 아버지가 징용 안 나간 것은 천만 다행'이고, 이게 다 '동이 아재 덕분'이라고 합니다. 어르신이 마음먹고 징용 데려가려 하면 도리가 없이 다 가야 한답니다. 그런데 어르신은 마음이 좋아서 이 사람 저 사람 빼주고 하는 편이라고요. 아마 우리 아버지도 어르신이 마음을 잘못 먹었으면 영락없이 징용으로 끌려갔어야 했다는군요.

만약 아버지가 징용 나갔으면 우리 집은 정말 큰일 날 뻔 했지요. 어머니와 여자 아이 2명, 그리고 갓난쟁이 순남이가 어떻게 살았겠습니까? 그런 생각을 하면 '아재한테 감사하고도 감사한 일'이라고 어머니는 늘 이야기를 합니다.

그러고 보니 우리 동네에는 장정이 거의 없습니다. 논이 없이 품 파는 남자들은 젊으나 늙으나 다 징용 나갔습니다. 올해 들어서도 설 지나고 나서 많이 나갔습니다. 그러니 징용 데려가려 해도 데려 갈 사람이 없을 것 같네요.

아무튼 어르신은 한 집안 어른이라고는 해도 나락 공출하거나 군인 가라고 징용 가라고 통지하러 오는 일이 아니면 우리 같은 사람들 집에 올 일이 별로 없는 높은 분입니다. 그런데 지금은 가을걷이도 끝났고, 우리 집에는 징용 갈 남자도 없는데, 오셨네요. 그러니 참 이상한 일이지요.

하여튼 나는 어머니가 성아를 데려 오라니 시키는 대로 해야지요. 그래서 나서기는 했으나 겨우내 햇빛도 변변히 못보고 방에서 웅크리고 지내다가 갑자기 환한 햇살에 나서니 어지럽기도 하고, 좋기도 하고 그렇습니다. 아지랑이를 쳐다보며 헤롱거리고 있으면 좋으련만 그럴 여유가 없네요. 어머니의 명을 받아 성아를 데려와야 하니까요.

뽕나무 심는 마을에서 추석날 태어난 성아

성아는 추석에 태어났습니다. 그래서 해마다 특별한 생일상을 받습니다. 나는 생일이라 해도 아무 것도 없는데, 성아는 국이라도 한 그릇 제대로 받고, 운이 좋으면 쌀이 조금 섞인 밥상도 받습니다. 그래서 나는 성아가 좋은 날 태어났다고 생각합니다. 앞으로도 계속 생일에는 좋은 것을 먹을 수 있으니까요.

그런데 어른들은 성아 생일이 좋지 않다고 합니다. 여자가 명절에 태어나면 팔자八字가 드세다고요. 팔자가 뭔지는 모르지만 이팝[쌀밥]하고 국 한 그릇 먹는 일 보다 더 중요한 일이 있나요.

성아는 참 좋은 성아입니다. 나에게 밥도 챙겨주고 빨래도 해서 입힙니다. 성아는 손재주가 있어서 풀 껍데기만 가지고도 우리에게 여러 가지를 만들어줍니다. 반지도 만들어주고, 여치집도 만들어줍니다. 내가 뒷간 가는 일도 도와주고 코도 아프지 않게 잘 닦아 줍니다. 가끔은 어른들 몰래 항아리에 넣어둔 곳감을 꺼내주기도 합니다. 지금은 성아의 등이 순남이 차지가 되었지만 나도 어려서는 늘 성아 등에 업혔습니다. 성아 등에 코를 묻혀도 야단도 치지 않고 모른 척 해주었습니다.

　그러고 보면 어머니 등에 업힌 기억은 거의 없습니다. 어머니는 늘 바빴습니다. 농사철에는 방바닥에 등을 붙이고 있을 여가가 없었습니다. 지금은 누에를 치지 않지만, 예전에는 누에를 쳐야했으므로 더 바빴다고 합니다.

　내가 아주 애기 때에도 마을 사람들은 다 누에를 쳤다고 하지요. 누에는 쉴 새 없이 뽕잎을 먹지요. 그러니 밤에도 잠을 자지 못하고 누에 밥을 줘야 했다고 해요. 성아도 어머니를 도와 뽕잎도 따오고 새벽에 일어나 누에를 돌보기도 했다고 합니다.

　우리 동네 상주尙州는 누에의 고장입니다. 누에 뿐 만 아니라 쌀하고 곶감이 유명하다 하여 삼백三白의 고장이라고 한다지요.

　감은 빨갛지만 곶감 겉에 하얀 가루가 있으니 삼백에 들어가는 것이지요. 물론 상주는 산이 많지만 소백산맥이 둘러 있는 한 가운데서 논이 많은 편이나보니 쌀이 많이 나는 곳입니다.

　그러나 상주는 뭐니 뭐니 해도 누에치는 일이 제일로 유명하다고 하지요. 읍에 나가면 상주농잠학교도 있습니다. 누에고치 키우는 방법을 가르치는 학교랍니다. 학교는 가 갸 거 겨! 이런 것 가르치는 곳이 아닌가요? 무슨 누에 치는 방법을 학교까지 가서 배우는지 모르겠어요.

　그러나 상주 사람들이 아주 옛적부터 누에를 친 것은 아닙니다. 어른들 말씀으로는 '나라를 왜놈들한테 빼앗긴 다음' 부터라고 해요. 물론 금이나 흑연 캐는 광산이 생긴 것도 일본사람들이 들어오고 나서 부터고요. 그래서 읍내에는 일본사람들이 모여 사는 마을도 따로 있다고 하지요.

그럼 왜 마을 사람들이 누에를 치게 되었느냐고요? 나라가 넘어간 뒤에 일본 비단공장회사가 우리 땅에 들어오기 시작을 했다고 합니다. 경상도에도 전라도에도 충청도에서 그리고 경성에도 들어왔는데요. 상주에도 공장이 있었다고 합니다.

이런 공장들이 비단을 짜기 위해서는 비단실이 필요하고 비단실을 만드는 것이 누에이니 누에를 키우게 된 것이지요. 누에를 키우려면 누에 먹이를 주어야 하니 뽕나무를 키우는 것이고요.

그런데 비단공장회사는 들어와도 누에를 키울 일본 사람들은 데려오지 않았나 봐요. 마을 사람들이 누에를 키우는 것을 보면요. 하기야 읍내에 산다는 일본 사람들도 일은 하지 않고 조선 사람들이 한다고 하지요.

일본 사람들은 일을 하지 않고도 살 수 있나 봅니다. 신기한 일이지요. 우리 마을 어른들은 '사람은 누구나 일을 하지 않으면 먹지 말라'고 하는데요. 그래서 이렇게 어린 나도 일을 하고 있지요. 부엌일도 하고 어머니도 돕고 ….

그런데 누에를 치지 않으면 안 되었냐구요?

세상에는 하기 싫어도 해야 하는 일이 너무나 많다고 하더군요. 이것도 어른들 말씀입니다. 많을 정도가 아니라 모두 다 그렇다고도 하고요. 누에치는 일도 마찬가지랍니다. 나라에서 강제로 누에를 치고 고치를 내라고 해서 누에치는 일을 하기 시작했다더군요.

물론 나라를 빼앗기기 전에도 누에를 조금씩 치기는 했었다지요. 누에를 쳐서 비단실을 뽑아 옷감을 만들어 옷을 해 입기도 하고, 남은 것은 시장에 내다 팔기도 하고 그럴 정도로요. 누에를 친다 해도 농사일을 하는 중에 짬짬이 하는 일이니 옷감이 그리 많이 나온 것은 아니었답니다.

그러다가 상주에 살던 어떤 일본인이 시험삼아 실을 일본에 보냈더니 이윤이 4할이나 남았다고 해요. 이것을 보고 관에서 '아! 상주에 비단공장을 만들면 돈을 더 많이 벌겠구나!' 하는 생각을 하고는 상주에 비단공장을 만들었다고 하지요.

누에고치 공출 기일을 맞추기 위해 검사소에 모여드는 농민들(『사진으로 보는 독립운동 하』, 서문당, 1987, 114쪽)

그리고 누에를 치는 농민들을 모아서 조합이라고 해서 한꺼번에 실을 모아서 팔도록 했어요. '공판共販'이라고 했다는데요. 마을 사람들에게 날을 정해 주고 실을 가지고 다 모이도록 하고, 그 자리에서 모두 팔도록 하는 것이지요.

물론 마을 사람들은 일이 더 많아졌지요. 농사만 지으면 낮에 일을 하고 밤에는 잠을 자면 되지만, 누에를 치면 그렇게 할 수 없습니다. 누에는 계속 뽕잎을 먹어야 하니 밤에도 잠을 잘 수 없으니까요.

그래도 밤잠을 줄여가며 고생을 하면 조금이라도 돈을 손에 쥘 수 있으니 어찌 마다하겠습니까? 더구나 농사꾼이라 해도 논이 없는 사람들은 남의 논일을 해주고 삯을 받아서 사는 처지인데, 이것저것 가릴 것이 있나요.

그래서 면에서 시키는 대로 밭을 밀어버리고 뽕나무를 심은 것이지요. 그리고 집집마다 집안에 큰 방을 지어놓고는 누에를 키우기 시작했고요. 누에가 뽕나무 잎을 먹는 소리가 사각 사각 하면서 집안에 울릴 정도였다지요.

누에는 한참을 자라면 고치를 내놓고 죽습니다. 그러면 비단실을 다 빼내고 난 죽은 누에에 간장을 넣고 삶아서 먹지요. 번데기라고 하는데요. 지금도 누에를 치는 사람들은 조금 남아 있어서 번데기를 먹어본 적이 있어요. 약간 짭조름한 것이 참 맛이 좋습니다. 이 덕분에 당시에는 배를 곯지 않았다고 하더군요. 번데기를 먹고 물을 마시면 배가 든든했다고요.

번데기는 처음부터 먹은 것이 아니라 면에서 먹으라고 해서 먹기 시작했다는데요. 건강에도 좋고 배도 채울 수 있다고 하면서요.

우리 집도 많지는 않지만 누에를 조금 쳤다는데요. 몇 년 전부터는 누에치는 일을 하지 않게 되었답니다. 일단 쌀농사를 열심히 지어서 나락을 내놓는 일이 중요하기도 했지만요. 비단공장들이 더 이상 비단을 만들지 않게 되어서 그렇게 되었다는군요. 나라에서 사치품이라고 가게에서 비단을 팔지 못하게 하니 공장에서 비단을 만들어도 팔 곳이 없어 졌지요. 그래서 그 공장들은 면을 짜는 방적공장으로 바뀌었답니다.

 어머니는 '그래도 누에를 칠 때에는 돈푼이라도 만질 수 있었는데'하며 아쉬워하기도 합니다만, 어찌 보면 다행스러운 일이기도 하네요. 어머니가 지금도 몸을 쉴 틈이 없는데, 누에까지 쳤으면 얼마나 바빴겠습니까. 그렇게 되면 덩달아 내 일도 늘어났을 테고요. 어쩌면 나도 누에가 사각사각 갉아먹는 뽕잎을 대느라 잠을 못 자고 있었을 수 있었겠지요.

성아는 봄날이 좋다네요

 그렇다고 어머니가 쉴 여가를 가질 수 있는 것은 아닙니다. 가을이 되면 가을걷이를 마친 이후에도 곶감을 말려야 하니까요. 어머니의 잰 손놀림 덕분에 그래도 우리는 겨울에 곶감을 얻어먹을 수 있습니다. 물론 그것도 고작 한두 개입니다. 집안에 감나무는 그렇게 많아도 그 이상은 구경도 못합니다. 늦가을 내내 집안에 매달린 그 많은 곶감이 다 어디로 가는지 모르겠어요.

 농사가 없는 겨울이 되어도 어머니는 늘 일을 달고 있지요. 게다가 애국반이다 강연회다 뭐다 해서 쉴 틈이 없기는 마찬가지였습니다.

 그래서 늘 성아가 나를 업어주었습니다. 성아는 그렇게 나를 업고 설거지도 하고, 마루도 닦고 그랬습니다. 성아 등은 살이 없이 뼈가 삐죽해서 딱딱하기는 했지만 그래도 나를 업고서 살살 흔들어주면 잠이 잘 왔습니다. 지금도 성아는 남동생 순남이를 업고 나물 캐러 갔습니다.

성아가 좋다는 이야기는 이미 했지요?

그런데 또 하렵니다. 성아는 아무리 좋은 것을 얻어도 혼자 먹거나 갖는 법이 없습니다. 늘 나에게 나누어 주었지요.

그뿐이 아닙니다. 다른 집에서는 위의 성아들이 입던 옷을 동생이 물려 입는다는 데, 우리 집에서는 안 그럽니다. 어머니가 성아 옷이라도 한 벌 지어 줄라치면, '순님이 옷이나 해주라'고 합니다. 그래서 내 차지가 된 새 옷도 있습니다.

순남이는 아들이라고 그래도 부모님들이 챙기지만 나는 둘째 딸이라고 챙기는 것도 별로 없는데, 성아 덕분에 새 옷을 입었던 게지요. 어머니도 그런 성아를 좋아합니다. '맏딸은 살림 밑천이라더니 마음 쓰는 것도 다르다'고요.

이렇게 나에게 잘해주는 성아는 늘 일을 많이 합니다. 올해 여섯 살이 된 나는 아직 일 다운 일을 한 적이 없습니다. 그냥 일손이나 조금 돕는 정도지요. 그러나 성아는 다릅니다.

부엌에서 밥도 하고 집안 청소도 하고 동생들 뒤치다꺼리도 합니다. 그리고 산에 나물도 하러 가고, 밭일도 돕습니다. 푸른 보리밭에 나가 땅에 떨어진 알곡도 줍습니다.

성이 나보다야 나이가 많지만 그래도 아직 열 살도 안 되었습니다. 그런데도 성은 늘 부지런히 몸을 놀립니다.

그리고 저녁에는 글을 배우러 다닙니다. 겨울이 되면, 연맹에서 마을 회관에 글방을 차려놓고 동네 사람들에게 글을 가르칩니다. 남자와 여자를 갈라서요. 물론 겨울에만 여는 글방이고, 주로 나이든 처자들이 배우는 것이기는 하지만, 성아는 거기에 끼어 앉아 글을 배웠습니다.

나는 어려서 글방에 가도 글을 배운 적은 없지만 성아한테 이야기는 많이 들었습니다. 글방을 다닌 덕택에 성아는 자기 이름도 쓰고, 징용 간 마을사람들이 보내오는 편지도 읽고, 대신 써줄 수도 있게 되었습니다. 그래서 어른들에게 칭찬도 많이 듣습니다.

성아는 참 대단하지요.

성아는 봄이 되면, 더 많은 일을 합니다. 그리고 글을 배우러 갈 수도 없습니다. 농사일이 바빠서 그런 것이지요. 그런데도 봄을 좋아합니다. 설날만 지나면 벌써 다릅니다. 콧노래도 흥얼거리고 걸음걸이도 더욱 잽쌉니다. 나한테 '이제 조금만 있으면 보리를 베니 밥 구경도 할 수 있다'고 말해줍니다.

그리고 보면, 겨우내 죽을 많이 먹었습니다. 수수하고 쌀 부스러기에 김치를 넣고 끓인 갱죽, 호박을 넣은 호박죽을 제일 많이 먹었습니다.

죽이란 것이 먹을 때는 그래도 배가 차는데, 조금 지나면 폭 꺼집니다. 물론 봄이 된다고 해도 죽은 계속 상에 오릅니다. 다만 나물을 넣고 끓인 것이 새롭다는 정도지요. 그래도 보리를 수확하고 나면, 한 두 번은 밥 구경을 할 수 있습니다. 성아가 말하는 밥은 그런 밥입니다. 나도 봄은 좋습니다. 일단 춥지 않아서 좋습니다. 그리고 성아가 봄이 되면 좋아라하니 나도 좋습니다.

그러나 성아는 봄이 되면 일을 더 많이 해야 하는데 왜 좋아하는지 잘 모르겠습니다. 봄이라고 해도 보리밥을 여러 날 먹을 수 있는 것도 아닌데요. 농사일이 시작되니 더 부지런히 몸을 움직여야 합니다. 그래도 봄이 좋다니 좋은게지요.

오늘은 이상한 날

저기 우리 성아의 모습이 보이네요. 나는 목청껏 불러봅니다.

"성아! 성아!"

내 모습을 보고 성아가 바구니를 들고 잔걸음으로 다가옵니다. 순남이를 업고 있어서 뛰어오지는 못하네요.

"하이고! 야야! 순님아, 와 나와 있노? 아직 날 찹은데[추운데] …"

"어무이가 오라칸다."

"어무이가? 와? 어무이 밭에 아 있나?"

"시방 어무이, 동이 어르신이랑 집에 와 있다."

"그래? 어르신 까장? 무신 일이고. 오늘 논에 보리도 벤다카든데, 우예 아침부터 집에 들어왔을꼬?"

"퍼뜩 성아 데리 오라쿤다. 가자!"

"참 이상네. 무신 일인고."

"퍼뜩 가자. 성아! 가자."

"그래. 가자. 가자."

"어무이!" 성아를 앞장세우고 의기양양하게 집에 들어서니 동이 어르신은 없고 어머니만 마루에 걸터앉아 있습니다.

"어무이, 지 찾았는교? 산에 다녀왔니더."

"어르신은 어데 갔는갑네예."

대꾸가 없습니다.

"어무이, 성아 왔어예."

어머니는 여전히 대답이 없네요. 우리를 쳐다보지 않고 먼 산을 보고 있습니다.

"어무이, 지 찾았다면서예."

"어무이!"

성아가 다시 부르자 어머니는 갑자기 정신을 차린 듯 우리를 보더니 아무 일 없다는 표정으로 입을 열었습니다.

"어? 왔나? 어데 나무새는 쪼매 해왔나?"

급하다고 데려오라고 할 때는 언제고, 한갓지게 나물 타령인가요.

"어데예? 쪼매 밖에 몬했디더. 아직 날이 덜 풀린갑네예."

"그라트나? 그래. 그라마, 인자 챙기고 일 나가자."

"하이고 어무이, 지 데릴러 일부러 들어왔는교? 곧 바로 나갈라캤는 데예. 오늘 보리도 빈다[수확한다] 카고 엄청시레 바쁜 날인데 …."

성아가 포대기를 풀고 순남이를 마루에 내려놓으며 대답합니다.

"아이다. 동이 아재가 집에 온다 캐서 들릿제. 내 니 데릴러 일부러 오겠나? 인자 순남이 내려놓고 가자."

"야. 그란데 어르신은 무신 일로 오셨는데예?"

"낸도 잘 모린다. 세상이 우예 될라꼬 이라는지 …. 참말로. 순남이 니, 순남이 단데이 보고 있그래이. 우리 일 나간다."

"야. 댕겨오니더."

나는 순남이를 업으면서 인사를 합니다. 어머니가 앞장을 서고 성아가 따라 나섭니다. 작은 손을 양 옆구리에 끼고 열심히 어머니 뒤를 따라갑니다.

참 이상한 일입니다. 코를 베어가도 모를 정도로 바쁜 일이 농사일이라면서, 어머니가 일부러 집에 와서 성아를 데려오라 하고, 급하다고 해서 기껏 데려왔더니, 아무 일 아니라면서 그냥 같이 일하러 나갑니다.

아무튼 이제 순남이는 온전히 내 차지입니다. 늘 어머니와 성아가 일 나가면 순남이는 내 차지가 되니 새로울 것도 없지요. 그리고 나도 이제는 제법 순남이를 잘 봅니다. 성아가 나한테 했던 것처럼 업어주고, 응가하는 것도 봐주고 ….

순남이는 순합니다. 나만큼은 아니지만 그래도 순한 편입니다. 떼쓰지 않고 혼자서도 잘 놉니다. 조금 업어주다가 살짝 방에 내려놓으니 얌전하네요.

바람이라도 봄바람은 다른 것 같네요. 겨울바람처럼 살을 에는 '쌩!'한 바람이 아닙니다. 바람 속에 따스함이 들어 있습니다. 이래서 성아가 봄을 좋아하나요? 봄이 노곤 노곤해지면서 눈이 게슴츠레해집니다.

"순남이, 니 얼라 안 보고 뭐 하노? 자나?"

벽락 같은 어머니의 목소리에 선잠이 깼습니다. 그새 잠이 들었나봅니다. 몸은 일으켰지만 그래도 아직은 눈꺼풀이 무겁네요.

"아~들[아이들]이 다 그렇제, 뭐를 그래 뭐라캐쌌소."

어! 이번에는 아버지입니다. 이 대낮에 아버지가 웬일일까요. 오늘은 보리도 베야 하고 바쁘다고 한 것 같은데요. 아버지와 어머니 뒤에 성아가 들어옵니다.

"아부지!"
"임자도 순이 델꼬 들어오소."

아버지는 나에게 눈길도 안 주고 안방으로 들어갑니다. 그 뒤를 어머니와 성아가 따라 들어갑니다. 두 사람 모두 역시 말이 없습니다.
방에서는 아버지의 두런두런 목소리만 들립니다.
"내 무슨 힘이 있나? 아재가 일부러 그란기가? 다 시국時局이 이래가 그란기지. 그래 정해졌다 카더라."

나지막한 어머니의 목소리가 들립니다. 그러나 목소리가 낮아 무슨 이야기인지는 알 수 없습니다.

"그란다고 나라에서 하는 일을 우리 겉은 백성이 우에 막을끼가? 도리 엄다. 보내야 한다."

아버지 목소리만 들립니다. 나는 귀를 대고 더 바짝 다가섰습니다.
"괘안니더. 살림에 도움도 된다 카고. 어르신이 그래 하기로 했다 카는데 …. 가야지예."

성아의 목소리가 들리네요.

"그란다고 출가出嫁도 안한 처자가 집 떠나가, 부산釜山에 가 가, 우예 살겠노?"

"어무이. 너무 걱정 마이소. 지만 가는 것도 아이고, 딴 아~들도 간다 안 캅니까? 성아들도 있고…."

"딴 아~들도 간다꼬? 딴 아~들은 무신 딴 아~들이고. 우리 면에서는 순이 니 하나라카민서. 그라고. 딴 아~들이 어메가? 형제가?"

어머니의 목소리가 커졌습니다. 아버지가 한 마디 합니다.

"아~한테 와이래 쌌노. 면綿 공장 가는 아~들 처음 보나? 다른 면에서고 읍에서고 늘 있는 일이제…."[아버지]

"그란다고 알라[어린아이]를 타지로 보낸다 말인교?"[어머니]

"알라는 무신. 다 큰 아~를…. 거기 기숙시 있다 안 카드나? 우짜겠노. 도리가 엄따. 그라고 공장서 공부도 시켜준다 안 카나? 순이 니 거 가가 쪼매만 애 쓰고 있그라. 내 이내 데리올끼구마."[아버지]

"하이고 참말로, 이녁[당신]이 무신 방법이 있어가, 아~를 데리옵니꺼? 공부는 무신…. 가스나[여자아이]가 국문 깨칫으마 됐제. 뭐를 더 한다꼬 공부를 하노? 그라고 순남이 아부지요. 야가 인자 게우 열 살이라예. 안죽 어린앱니더. 그른 거를 어데를 데리간다꼬…."[어머니]

"내 그거 모리나? 그라마 에비가 되 가 안즉 여슥 나이도 모리나? 고마해라. 상그랍구마."[아버지]

"걱정 마이소. 지 부산 갈끼구마요."[순이]

성아가 어디를 가는 모양입니다. 부산에 간다는 것이지요.
부산.
성아가 왜 부산을 가는 것인가요. 성아가 없으면 집안에서 불편한 일이 많을 텐데요. 그 많은 집안일과 논일 밭일은 누가 거드나요.

"니는 뭐 한다꼬 나서노? 거게가 어덴 줄 알고 간다 카는 기가? 거게가 이런 촌도 아이고, 얼매나 무섭은 덴지, 니 알고 그라나?"[어머니]

"공부도 시키주고 돈도 준다 안 하니껴?"[순이]
"그 돈 멫 푼 받을라카다가 욕 보믄 우짤라 그카노? 그라마 니 난중에 시집도 올케 몬 간다. 그거 알고 이카나? 공부? 근디 야가 바람이 들었나? 그래 공부해가 뭐할낀 데? 와 이래쌓노!"[어머니]
"와 그라노? 맥 없구마. 쟈도 가고 싶어 그라나? 안 간다캐도 소용없으이 어메 위로한다 그카는기제. 어메가 되 가, 와 얼라 만도 몬하노."[아버지]
"순남 아부지요. 그라지말고, 아재한테 사정 좀 해 보입시더. 딴 집도 아이고, 와 우리 순인교?"[어머니]
"이 동네 여슥이 없다 안 카나. 우리 군에서만 면공장에 간 얼라들이 스무

명도 넘는다 카더라. 그래 가, 이번에도 우리 면에서는 순이 혼자 가는 거 아이가. 아재한테 사정해 가 될 일 같으며 왜 안하겠노 말이다."[아버지]

"그란데, 와 이리 받게[급하게] 데리가는교? 낼 바로 데리간다카이…."[어머니]

"낸도 모리겠소. 그런 씰데 없는 이바구[이야기] 늘어놓지 말고, 아~ 옷도 좀 챙기고 멕일 것도 챙기고 좀, 그라소. 형님네 인사도 가야 될끼고…. 하이고, 내도 답답타."[아버지]

"하이고! 씰데 없기느….",[어머니]

"내는 들에 나간다. 순이, 니 들에는 나오지 말고 집에 있그라. 느그 어메 하고 큰댁에 인사도 댕기오고 해야 할끼구마."[아버지]

아버지가 방을 나섭니다. 머리를 흔들며 휘적휘적 나가버립니다. 성아가 그 뒤를 따라 방문을 열고 나와 마당으로 내려섭니다.

"야. 아부지! 댕기오이소!"

"하이고, 내는 모리겠다. 참말로 무시라. 쟈를 어데로 보낸다카노? 저 쪼맨은 거를…. 아재도 그렇제. 참말로. 아무리 남이 자석이라캐사도 그라마 되나? 한 집안서 …. 참말로 인정머리도 엄다."[어머니]

어머니가 방문을 열고 큰 소리를 냅니다. 그 소리가 커서 순남이도 왕~ 하고 울음을 터트립니다. 어머니는 순남이 우는 소리에 눈길도 돌리지 않고 방문을 쾅 하고 닫아 버립니다. 그 소리에 순남이의 울음소리는 더 커집니다.

"순남이 니! 아~ 안보나? 얼라 우는 소리 안 들리나? 속 시끄럽은데 와 얼라 까지 울리고 그라노?"

어머니가 방안에서 다시 소리를 칩니다. 억울합니다. 정확히 말하면 순남이는 내가 울린 것이 아니라 어머니 때문에 놀라서 우는 것인데요. 그런데 오히려 나에게 화살을 돌리고 있네요.

하여튼 거두절미하고. 아이고. 무섭습니다. 좀체 없는 일입니다. 집안에서 큰 소리가 나는 일이요.

더구나 어머니가 큰 소리를 내는 일은 거의 없었습니다. 부모님은 두 분 다 그저 들에 나가 일하고 들어와 자고, 다시 일 나가고, 그렇게 하루하루를 지낼 뿐이지요. 무슨 심각한 이야기를 나누거나 하는 일도 별로 없었습니다. 그러니 큰 소리가 나는 일은 영판 없지요. 그런데 오늘은 다릅니다.

참 이상합니다.

성아가 길을 떠나네

순남이의 울음소리는 더 커집니다. 그래도 일단 내가 순남이를 들쳐 업고 흔드니, 꺼이꺼이! 하며 잦아듭니다.

그걸 보면서 성아는 부엌으로 들어갑니다. 다른 날 같으면, 순남이를 달라고 해서 어를 것입니다. 그런데 오늘은 다릅니다. 그냥 부엌으로 들어가네요.

부엌은 내가 다 치워놓아서 할 일도 없습니다. 그렇다고 뭐 아직 때도 아닙니다. 그런데도 부엌에 들어갑니다.

따라 들어가 보니 성아가 하염없이 부뚜막에 앉았네요.

"성아, 어데 가나?"

내가 물으니 성아는 기운 없이 대답합니다.

"그래. 간다."
"어데 가는데?"
"베 짜는 공장에 간단다."

마치 남의 이야기하듯이 합니다.

"베 짜는 공장? 거게가 부산이가?"

"그렇다카네."

"거게 와 가는데? 안 가믄 안되나?"

"내가 아나? 동이 어르신이 가야한다 카고, 거게 가믄 난중에 돈도 주고 공부도 시키주고 그렇다카네."

"그라마 어르신이 성아를 데불고 가는 기가? 그란데 어무이는 왜 저리 골이 났노? 우리보고는 어르신 말이 법이라 카믄서."

"어무이가 내 한테 우예 골이 났겠노? 속상해가 안 그라나?"

"와 속상한데? 돈도 벌인다메."

"고마 난도 모린다. 순님이 니도 어무이 앞에서는 입 다물고 가마 있그라."

성아는 다시 부엌을 나와 마루에 걸터앉더니 그대로 누워버리네요. 세상이 다 귀찮다는 표정을 하고요. 그 모습이 여느 때와 달라 보입니다.

마루 아래에 걸친 성아의 발에 봄볕이 내리쬡니다. 나도 순남이를 업은 채 마루에 앉아 햇살을 쪼였습니다. 이 햇살이 성아와 같이 쬐는 마지막 햇살이라도 되는 듯 그렇게 조용히 쪼였습니다.

"순이야! 니, 내 쫌 보래이."

얼마나 지났을까요. 정적을 깨고 어머니 목소리가 들립니다. 어머니가 방문을 열고 고개를 내밀고 우리를 쳐다보고 있습니다. 성아는 다시 일어나 안

방으로 들어갑니다.

나는 그대로 앉아서 한낮의 햇살을 맞고 있습니다. '성아가 안 가면 안 되나' 하는 생각도 들고, '성아가 없으면 이 많은 집안일은 어떻게 되나' 하는 생각도 들고, '나는 누구하고 이야기하나' 하는 생각도 듭니다.

그래도 '돈을 벌면 좋은 것 아닌가' 하는 생각도 드네요. 더구나 성아는 글공부를 좋아하는데 부산에 가면 공부도 할 수 있다니 좋겠다는 생각도 들고요.

해가 저물어갑니다. 하루가 지나갑니다. 힘든 하루였습니다.

새벽부터 부산합니다. 아직 동이 트기도 전인데 성아가 길 떠날 채비를 했기 때문이지요. 늘 온 식구가 먹던 아침밥을 오늘은 아버지와 성아만 먹습니다. 어머니는 옆에서 밥상 시중을 들어주고 있습니다. 두 사람은 방안에 이불을 밀쳐놓고 아침을 먹습니다. 아마 시간이 너무 일러서 그런가 봅니다. 나는 이불을 덮은 채 앉아서 그 모습을 봅니다.

그런데 무슨 일인가요. 밥상을 보니 이팝[쌀밥]입니다. 보리가 섞이기는 해도 쌀이 반도 넘게 보이네요. 이게 무슨 일일까요. 명절도 아닌데 우리 집에서 이팝을 먹는 일은 없습니다.

"어무이, 밥에 있는게 쌀인교?"

나는 화들짝 놀라서 어머니에게 물어봅니다.

"그래. 쌀이다. 어제 밤에 아재네서 쪼매 보냈다. 느그 성아 간다꼬. 쌀밥이라도 해 멕이라꼬…."

"에! 그라마 내한테도 쌀밥 줍니까. 내 밥에도 쌀이 들었습니까?"

"옹야. 순님이 니 밥에도 쌀 들었다. 와? 니 밥은 쌀 뺐을까봐? 정제에 잘 뒀은께네, 난제[나중에] 내랑 한테 묵자."

"야."

이게 무슨 횡재입니까. 쌀밥을 먹을 수 있다니 신나는 일입니다. 기막히게 신나는 일입니다.

그런데 아버지와 성아 두 사람은 말이 없습니다. 그저 밥을 먹습니다. 밥을 먹고 또 밥을 먹고….

두 사람이 아침 식사를 어느 정도 마칠 즈음에 마당으로 동이 어르신이 들어섭니다.

"어르신 오셨는교?"

성아가 기척을 듣고 방문을 열어보더니 일어나서 인사를 합니다. 아버지도 일어나서 목례를 하네요. 어머니 소리는 들리지 않습니다. 어르신한테 목례를 했는지 안했는지 모르겠습니다.

"그래. 아침 묵나? 순이 마이 묵으래이."

"고마 다 묵었심더. 진지는 드셨는교?"

성아가 상을 밀쳐내며 묻습니다.

"오셨는교?"[아버지]

"오야. 내 묵고 왔다. 와? 밥 단대이 묵지. 이런 밥 늘상 묵을 수도 없구마느…."[동아 어르신]

"됐심더."[순이]

"그래. 난제 또 휴가 받아 오므는 다시 내 쌀밥 마이 줄끼구마."[동아 어르신]

"됐니더. 시국이 이란데요. 무신. 얼라가 아재 덕에 쌀밥도 묵고 호강했니더."[아버지]

"어데? 그기 내 덕이가? 순이 덕이제."[동아 어르신]

"우야둥둥, 신세가 많심더. 순이 니 이자 고마 준비하고 나오니라. 아재 기다리시구로."[아버지]

아버지가 마당으로 내려서며 성아에게 이야기 합니다.

"야. 다 됐심더."[순이]

"아부지 일 나갈란다. 잘 댕기온나."[아버지]

"아재요. 욕 보시겠구마요. 그라마 댕기오이소."[아버지]

아버지가 마당으로 나서며 아재에게 고개 숙여 인사를 합니다.

"어이. 그래. 들에 나가나? 그래. 그래. 욕 보세…."[동이 어르신]
대답하는 동이 어르신의 말끝이 약해집니다.

"야. 아부지! 지 댕기올랍니더."[순이]
"아~가 가는데 어데 가는교? 면에 안 나가 보는교?"[어머니]

어머니의 지청구를 뒤로 하고 아버지가 말도 없이 휘적휘적 나갑니다. 뒷모습이 서늘합니다.
성아가 방을 나섭니다.
동이 어르신을 따라 길을 떠나는 게지요
어제 저녁부터 꾸려 놓은 작은 보퉁이는 어머니가 들었습니다. 어머니는 등에 순남이를 업었습니다.
나는 잠이 덜 깨어 여전히 눈을 비비고 있습니다. '성아 잘 갔다 온나.' 이렇게 인사를 해야 하는데, 입이 열리지 않네요.
어르신이 앞장서서 사립문을 나섭니다. 성아를 면에 데리고 가는 것이라네요.
성아는 일단 면에 모였다가 상주군청으로 가서 다른 성아들과 같이 떠난답니다. 기차를 타고 영주역에 가서 다시 대구로 가는 기차를 타고, 대구에서 부산가는 기차로 갈아타고 간다고 합니다.
성아가 그 뒤를 따라 가고, 어머니가 보퉁이를 들고 나섭니다. 이미 사립문을 나섰습니다.

"순님이, 니 인사 안하나? 느그 성 가는 구마."
어머니가 돌아서서 한마디 합니다.

"괘안니더. 아직 알라 아닌교? 순님이, 잘 있그래이. 어무이 말씀 잘 듣고, 순남이 잘 보고…. 내 댕기올끼구마."

성아가 나를 쳐다보지 않고 앞을 바라보며 작은 소리로 말을 합니다.

"어!"

대답을 하는 둥 마는 둥 하는 사이에 성아는 어른들 틈에 끼여 작은 등만 보입니다. 작은 등은 더 작아집니다. 나는 방문 틈으로 고개만 내밀고 작아지는 성아의 등을 바라보았습니다. 그리고는 아직 차가운 바람이 싫어 방문을 닫고 다시 이불 속에 들어갔습니다.
어머니가 돌아올 때까지 조금 더 잘 생각입니다. 순남이도 어머니가 업고 나가니 마음 편히 조금 더 누워있을 수 있을 것 같아서요.
그나저나 어머니가 빨리 돌아와야 저 눈 같이 하얀 쌀이 섞인 밥을 먹을텐데요.

성아 없는 추석

　내 평생 성아 없이 맞는 여름은 처음입니다.

　성아가 없으니 내 할 일은 늘었습니다. 그뿐이 아닙니다. '여섯 살이나 먹어서 그런 일도 못하냐'거나 '네 성아는 그렇게 안했는데, 너는 순이 반도 못 미친다'는 지청구를 듣는 날도 많습니다.

　게다가 순남이가 날이 갈수록 커가고 있어서 돌보기도 쉽지 않네요. 이젠 제법 무거워져서 업는 것도 쉽지 않고, 뒤 쫓아 다니는 것도 힘이 듭니다. 왜 그렇게 한 자리에 가만히 있지를 못하는지 모르겠어요. 어쩌다 순남이 몸에 작은 생채기라도 좀 날라치면 어머니의 눈초리가 매섭습니다. 하나 밖에 없는 아들이라고 그런 것이지요.

　어머니는 성아가 떠난 뒤 말수가 줄었습니다. 물론 예전에도 별로 말은 없었으나 지금은 더 그렇습니다. 성아는 어머니가 든든해하던 자식이었던 게지요. 성아를 낳고 나서 논도 생기고 집안 살림이 불었다고 해요.

　아버지도 "딸아~지만도 아들 맹키로 귀하다. 맏이를 낳고 나서 밥술이라도 먹게 되었다"는 말을 자주 했어요. 성아 덕분에 집안 살림이 피었으니 성아가 집안에 복을 가져다주었다는 이야기겠지요.

　성아는 맏딸이니 든든하고, 순남이는 대를 이을 아들이라 귀한데, 나는 이도 저도 아닙니다. 그나마 성아가 있을 때에는 바람막이가 되어주었는데, 성아가 부산에 가고 없으니 내 편 들어줄 사람도 없습니다. 참 서러운 일입니다.

"참말로 니는 인정머리도 없다. 성아가 가는데, 인사도 올캐 안하고, 방안에서 그렇게 잠이 오드나? 그저 밥 타령이나 하고….”

성아가 떠난 후, 가끔 어머니에게 듣는 말입니다. 무슨 큰 죄 지은 것도 아닌데, 기회만 있으면 그 이야기를 합니다.

성아는 공장에 들어간 지 얼마 안 되어서 편지를 보냈습니다. 나는 글을 못 읽으니 내용은 모르지만 그저 '몸 성히 잘 있으니 걱정 말라. 기숙사에서 동무들도 잘 해주고 있다'는 간단한 편지라고 하더군요. 동이 어르신이 읽어주었답니다.

공장에서 일하는 처자들이 수천 명은 되는데, 성아는 그들 속에 섞여 세이보(精紡)를 하고 있다고요. 세이보는 기계로 실을 잣는 일이랍니다.

편지를 받고 나서 아버지는 별 말씀이 없으셨고, 어머니는 "아이고 우리 순이가 끄니[끼니]나 잘 챙기고 있는가 몰리겠다."며 걱정을 했습니다.

"임자도…. 그래 큰 공장서 아~들 밥도 안 챙기겠노? 집이서 멕이는 것 보다 낫다 카더라."

아버지도 어머니에게 퉁박을 주면서도 낯빛은 좋지 않습니다.

추석이 다가옵니다. 추석이라고 하기는 해도 옛날처럼 요란스럽게 준비하지도 못합니다. 물론 송편이나 고깃국은 없습니다. 그런 것이야 어른신네서 조금 얻어다 먹는 것이지 집에서 만드는 것은 아니지요. 내가 태어나고 난 후에는 계속 그랬습니다.

그나마 올해는 어르신댁에서도 구경하기 어렵다고 합니다. 나랏일 하는 분들은 '올 추석에는 전쟁터에 나가서 고생하는 군인들 생각을 하면서 평소 보다 열심히 일을 하라'고 한다네요. 그래도 추석이 가장 큰 명절이니만큼 잔치 분위기는 있습니다. 아무리 없이 살아도 차례 지낼 준비도 해야 하고요.

추석은 성아의 생일이기도 하지요. 그런데 성아는 집에 오지 않는다네요. 아니! 오지 못한다네요.

공장에서 일을 쉬지 않는 게지요. 동이 어르신 말을 들으니, 기계는 하루 종일, 그리고 1년 365일 멈추는 법이 없다고 합니다. 그러니 성아가 공장을 쉴 수 없다는 거죠. 공장 안에서 추석도 쇠고 설도 쇠고 한다고 하더군요.

부모님들은 그 말을 들어도 안심이 되지 않는가 봅니다. 특히 어머니는 성아가 추석에 오지 못한다는 소식에 더욱 마음이 불편해졌습니다.

"우예 맹절에도 몬 온다 카는교? 참말로 이런 법도 있는가?"

어머니가 부엌에서 고개를 내 밀고 마당의 아버지에게 이야기를 건넵니다. 아버지는 바닥에 앉아 콩을 까불고 있습니다.

"우야겠노? 사사私事 일 하러 간 것도 아이고, 나랏일 하러 간긴데…. 추석은 모다 거서 쇤다 카네. 그라고 요즘 시국時局이 중하다카드라."

"시국이 무신 얼매나 중하다꼬…. 추석 맹절이 젤로 큰 맹절인데, 그 하루도 몬 쉬나? 하루믄 올낀데…."

어머니가 혼잣말처럼 묻습니다.

"그기 어데 하루로 되나? 오고 가고…. 한 사나흘은 더 걸린다."
"그래도…."
"딴 동네 아~들도 몬 온다 안 카나. '추석이라도 일 쉬지 말고 열심히 하라꼬' 연맹에서 말 안 하나? 시방 시국이 추석 쇠고 뭐 하고 그럴 때가 아이라꼬."
"추석이라고 배급을 더 주는 것도 아이믄서 뭐를 쇠라 마라 한다는교? 그라고 아무리 나랏일 중하다캐도 바다 건너 왜놈 땅에 간 것도 아인데, 와 얼라를 맹절에 집에도 몬 오게 하는가요? 순이 갸 생일이 추석날 아인교?"
"으른 생일도 몬 챙기는 판인데 얼라들이 생일은 무신…. 아~들 몸 성히 있으믄 됐제. 이 판국에 생일이라캐가 우리 집 아~ 만 집에 보내겠노?"
"하이고. 참말로 답답타. 그기는 그기고, 우야둥둥 한번 가봐야 안 되겠는교? 가을걷이도 마칫꼬…."
"가보기는…. 거게가 엎어지믄 코 닿을 데도 아이고. 안즉 들 일 많은 거 안 보이나? 아재가 저녁마다 모이라 카고…. 연맹에서 매일 저녁마당 교육 안하나? 고마 일도 되고 몸도 곤하고마."
"그라기는 그라지만서도…. 인자 날씨도 칩어질낀데 옷도 챙기주고 해야될낀데…. 순이 갸가 봄에 안 갔는교?"
"거게가 옷감 맹그는 공장이라카든데, 아~들 옷이야 안 입히겄나. 임자 걱정이 끝이 엄다. 갸들이 나랏일 한다꼬, 그 나라에서 다 책임 진다 카드라.

거게서 군인들 군복도 맹근다카데."

"나라에서 책임은 무신…. 아이고 무시라. "

"고마하소. 안 그래도 내도 궁금하기도 하고 그래 가, 일간 부산에 한번 댕기올라꼬 마음 묵고 있구마는…. 내는 갸 걱정 안 되는 중 아나? 그라고 아~를 나라에 맡끼시모, 진득하이 기다리고 그래 해야 되제. 보채기는 와 이리 보채쌌노. 속 시끄럽구로."

아버지 목소리가 커졌습니다. 아마 화가 나신 모양입니다. 휘적휘적 나가 버렸습니다. 어머니는 부엌에서 아무 소리도 내지 않고 조용합니다.

성아가 부산에 간 뒤로 두 분이 화목한 모습을 본적이 없는 것 같습니다. 더구나 오늘은 추석날 성아가 못 온다는 소식에 어머니 심사가 있는 데로 불편한 것 같네요.

이럴 때는 순남이 들쳐 업고 나가는 것이 상수인데요. 부엌 심부름이 있을 것도 같고 해서, 그저 눈치만 보고 있습니다. 내 마음대로 나갔다가는 어머니에게 경을 칠 수도 있으니까요.

이번 추석은 참 우울한 명절이 될 것 같네요.

꽃가마 탄 성아

"참말로 꿈이 이상타."

새벽부터 어머니가 하는 말입니다. 아버지는 대꾸도 없습니다. 어느새 동짓달이 되어 날은 춥습니다. 그래도 군불을 땐 방바닥은 따뜻합니다. 나는 이불에서 고개만 빼꼼히 내밀고 어머니에게 말참견을 합니다.

"꿈이 와 예? 무신 꿈인데예?"[나]
"꿈에서 느그 성아가 꽃가마 타고 안 가나."[어머니]
"꽃가마? 곱겠네예. 그라마 성아가 시집이라도 갔습니까? 꿈에서 예."[나]
"아이다. 시집은 아인 것 같든데. 신랑도 안 비는 것[보이는 것] 같고…. 그란데 내를 보드이마는 암말도 안하고 그냥 가데."[어머니]
"새벽부터 무신 객쩍은 소리 하노? 안즉 잠 안 깼는가? 아~들도 아이고 무신 개꿈을…."[아버지]

반응을 보이지 않던 아버지가 한마디 합니다.
그래도 어머니는 꿈 이야기를 멈추지 않습니다.

"꽃가마는 탔는데, 옷은 집 나설 때 입든 옷 그대로고, 얼굴에 분칠도 안하고, 낯빛이 허애가…. 그란데, 와 내 보고 모린 채 했을꼬?"[어머니]
"그냥 갔어예?"[나]

"고마 하소. 임자, 어데가 좀 허해졌는갑네. 무신 꿈을 그래 꾸고 그라노. 큰 아~가 꿈에 빗다카이 편지[편지]라도 올 모양이네."[아버지]

"그라고 보인게네, 편지 온지도 오래 됐구마요. 오늘 아재네 들 리가 혹시 큰 아한테 편지라도 왔는가 살피고 오입시더."[어머니]

"글 안해도 오늘도 아재네서 새끼도 쪼매 꼬고, 오후에 읍에도 나가야 된다캐가 아재한테 들리야되는구마. 임자도 훈련 나오라 안 캤는가?"[아버지]

"불 끄는 거 한다쿠지예? 거게 읍에 사는 일본사람들 맹키로 물 날르고 그란다캅디더. 그란데 저녁 해 묵고 나서 모이라카데예."[어머니]

"아무래도 시국이 요상하게 가는갑네. 안 비든 비향기[비행기]도 가끔 비고…."[아버지]

"아이고. 야가 아픈가? 우예둥둥 큰 아를 데리와야 할 낀데…."[어머니]

어머니의 꿈 이야기로 아침을 시름으로 시작했습니다.

어머니가 오늘은 무슨 훈련을 받으러 나간다네요. 집에서 살림하는 여자들에게 무슨 훈련을 받으라고 하는 것인지 모르겠네요. 어머니가 저녁에 훈련을 받으러 나가면 집에는 순남이와 나만 남습니다. 어머니는 늦은 밤이 되어야 돌아오겠지요.

원래 불 끄는 훈련은 조선 사람들은 안 했다고 합니다. 읍에 사는 일본 사람들이나 하는 훈련이었다고 해요. 그런데 요사이는 조선 사람들에게도 시키는 것이지요.

어째서 읍에 일본 사람들이 사느냐고요?

읍에 가면 일본 사람들이 많이 있습니다. 읍에서 제일 좋은 신작로에 있는 가게도 모두 일본 사람들의 것입니다.

상주에는 조선이 나라를 잃고 난 후에 곧 바로 일본 사람들이 들어왔다고 합니다. 그래서 우편소도 있고, 일본 학교도 있고, 일본 가게도 있다고 합니다. 일본 남자들이 하카마를 입고 게다짝 소리를 따각따각 내면서 읍내를 다닌다고 하지요. 과자 파는 가게도 있고, 요릿집도 있고, 약국도 있다고 해요.

왜 조선 땅에 일본 사람들이 들어와 사는지는 모릅니다. 어른들 말로는 '조선이 왜놈한테 먹혔으니까, 일본 땅이 되어서 왜놈들이 들어와 사는 것'이라고 하네요. 그러니 조선 땅이지만 조선 사람이 주인이 아니고, 일본 사람들이 주인이라고요.

아무튼 일본 사람들이 하던 불 끄는 방공防空 훈련을 조선 사람들에게까지 시키니, 어머니가 늦게 들어오는 일이 늘었습니다. 특히 면에서 부르는 일이 많아졌습니다. 훈련 말고도 강습이다 뭐다 해서 늦은 밤까지 아재 집에서 모였다가 오는 일도 늘었습니다.

그 뿐이 아닙니다. 솔방울 모으러 다니기도 하고 송충이 잡으러 산에 가기도 합니다. 나도 순남이 업고 나선 적도 있습니다.

아버지도 마찬가지입니다. 들일이 없어도 근로봉사라고 해서 둑길 쌓고 하는데 나가는 일도 있고, 부역 나가는 일이 많아졌습니다. 올 가을에도 아버지는 읍에 나가서 '근로보국대'라는 깃발을 꽂고 무슨 큰 집을 짓고 왔다고 합니다.

원래 겨울은 하루 종일 논일에 들일에 시달리지 않으니 어른들이 조금 일

손이 여유 있는 편이었는데요. 지금은 그런 시절이 아니라고 합니다. 모두가 전쟁터의 군인들을 생각하며, 천황 폐하에게 걱정을 끼치지 않도록 노력해야 한다고 합니다.

어른들은 늘 '시절 타령'입니다. 전쟁이 무엇인지 천황폐하가 누구인지는 모르지만 결론은 '쉬면 안 된다'는 것이라네요.

덕분에 겨울이 되어도 순남이는 늘 내 차지입니다. 어린 나도 쉬면 안 되는 것이니까요.

그나저나 머지않아 설입니다.

설은 두 번입니다. 가짜 설과 진짜 설이 있습니다. 원래는 설이 하나였지요. 그런데 위에서 설날도 바꾸라고 한다고 해서, 두 개가 생겼답니다.

어른들은 진짜 설날에 앞서서 가짜 설날을 지냅니다. 그런데 가짜 설날은 잔치하는 날이 아니고, 신사神社에 가서 참배를 해야 하는 날입니다. 설날은 방에서 윷도 잡고 왁자지껄하게 노는 날이어야 하는데, 멀리 신사까지 다녀와야 합니다. 먹을 것도 안 주고요. 추운데 방에서 쉬지도 못합니다. 그래서 어른들은 괜히 사람만 귀찮게 한다고 싫어합니다. 그러니 가짜 설날이지요.

진짜 설날이 되면 성아가 올지도 모르겠네요. 아버지가 성아를 데려오면 참 좋은데요.

나도 이제 설을 쇠면 일곱 살이 됩니다. 성아가 떠날 때 보다는 제법 의젓해졌지요. 순남이도 제대로 업을 줄 알고요. 부엌일도 얼추 잘 합니다. 성아가 이런 나를 보면 좋아라하겠지요.

주저앉은 어머니, 무너진 하늘

아버지가 들어옵니다. 어르신네 사랑으로 새끼 꼬러 나갔던 아버지가 들어옵니다. 그런데 지금은 아침녘을 지난 지 얼마 안 되어서 아버지가 들어올 시간이 아닌데 들어오네요.
사립문을 열고 들어선 아버지는 아무소리도 없이 방으로 들어서더니 앉지도 않고 벽을 보고 섰습니다.

"아부지, 댕기 오셨는교? 일찍 오셨네예."
대답이 없습니다.

"어무이, 아부지 오셨는데예!"
나는 방과 부엌사이의 작은 문을 열고 소리쳤습니다.

"우얀 일인교? 지도 아재네 살 잠이구마요."
부엌에서 곁문에 고개를 내밀고 어머니가 묻습니다.
"…"
대답이 없습니다.

"와 그라는교?"
"…"

"큰 아~한테 무신 일이라도 생겼는교? 오늘 꿈자리도 이상트이마는….”

우당탕탕 하는 소리와 함께 어머니가 급하게 방으로 들어왔습니다.
"맞지예? 큰 아~한테 무신 일 생기지예?”
"….”
"와 말을 몬하는교? 아~가 다쳤는교? 무신 욕 봤는교? 무신 일인교? 말 좀 해보이소.”
"….”
"대답 안 할낍니꺼? 와 그라는 데예?”
"죽읕다!”
"뭐라꼬예? 시방 뭐라 캤는교?”
"죽읕다!”
"누가요? 누가 죽읕다말인교?”
"순이. 세상 떴다!”
"무신 소린교? 순이가요? 우리 순이가요? 갸가 와 죽어예? 누가 그라는교? 어느 미친 놈이 그란 소리 합니꺼?”
"….”
"순남이 아부지요. 농이라도 그런 소리 하지 마이소. 내 마 사지四肢가 벌벌 떨립니더.”
"진짜로 죽읕다. 통지通知 왔다. 아재 한테로….”

아버지가 주머니에서 주섬주섬 종이를 한 장 꺼냅니다. 어머니나 아버지나

글을 모르니 무슨 내용이 적혀 있는지도 모릅니다. 그런데도 어머니는 종잇
짝을 낚아챕니다.

  나중에 들으니 종이는 전보電報이고, 거기에 '김순낭, 사망. 부산 부평정 옥
천병원. 소화昭和19년 12월 27일'이라고 적혀 있었답니다.

  1944년 12월 27일에 성아가 부평정에 있는 옥천병원에서 사망했다는 이야
기이지요.

  성아 이름이 순낭이인 것도 그전에는 몰랐습니다. 그냥 '순이'인줄 알았
는데, 면에 가서 호적 올릴 때 '순이 소녀'라고 해서 순낭純娘이가 되었다 하
네요.

  종이를 손에 쥐고 들여다보던 어머니가 갑자기 벽을 미끄러져 내려오며 방
바닥에 주저앉습니다. 글을 읽을 줄도 모르는 어머니가 무엇을 보고 그러는
지 모를 일입니다. 어머니는 입을 벌린 채 아무 말이 없습니다. 장에서 무엇
을 찾느라 등을 돌리고 있어서 그것을 모르는 아버지가 목도리를 챙기며 이
야기 합니다.

"내 퍼뜩 부산 댕기올란다."

"…."

"뼛가루 가져가라칸다캐서…."

"…."

이번에는 어머니가 대답이 없습니다.

"임자, 정신 차리소."
"어무이, 와 이카는교?"
"와 이카노? 정신 쪼매 차리 보거래이. 순남 어메야!"

아버지가 어머니를 안고 흔들어봅니다. 그래도 어머니는 말이 없습니다. 아마 넋이 나간 것 같네요.
어느새 방문 밖에 동네 아주머니들이 모였습니다. 아마 소식을 듣고 온 모양입니다. 밖에서 보던 아주머니들이 방으로 뛰어 들어와서 얼굴을 때리고 등을 두들깁니다.

"순남이네야! 숨 쉬라마. 이래마 안 되는 기라. 숨 쉬그라!"
"에고 무시라! 이 무신 일이고, 우짜노!"
"순남아! 숨 쉬그라! 이라다가 진짜로 사단난다!"
"임자 와 이카노? 니 죽을끼가? 정신 차리그라!"

아버지와 아주머니들이 어머니를 안고 흔들고 두들깁니다.
"와 이캅니까? 그래 때리믄 우리 어무이 아파예? 와 때립니까? 아부지! 어무이한테 와 이캅니까?"

나는 어머니를 안고 울고불고 매달렸습니다. 이렇게 때리면 어머니 아픕니다.

"순님아! 괘안타. 느그 어메 살릴라 안카나?"

"순남 어메야! 순남아! 정신 차리라!"

"어무이 말 좀 해보이소? 와 그라는데예!"

'휴~'

어머니에게서 큰 한숨이 터졌습니다.

"아이고 인자 살았다. 그래 숨 쉬라. 숨 쉬야 한다. 남은 자슥 생각해가 살아야제."

아주머니들이 어머니의 등을 계속 쓰다듬습니다.

그러자 곧 이어 어머니의 통곡이 터졌습니다. 가슴을 쥐어뜯으며 방바닥을 데굴데굴 구르며 어머니가 통곡을 합니다. 나를 안고 울었다가 순남이를 안고 울었다가 ….

나는 영문도 모르고 같이 웁니다.

"어무이. 그라지 마이소. 울지 마이소."

놀란 순남이는 더욱 큰 소리로 울어 제끼네요.

아버지는 잠시 고개를 모로 꼬고 있다가 방을 나섭니다.

"순남 아부지! 어데 가는교? 내자[아내]가 저라고 있는데 …."

"부산 안 갑니까? 큰 아~ 뺏가루 챙기 가라칸다쿠네예. 댕기오도록 순남 어메 좀 챙기주이소. 댕기 올랍니다."

"그라소. 걱정 말고 댕기오소."

"에고 무시라! 순남 아부지 얼굴이 말이 아이다."

"그란네예. 아이고. 순남이네 불쌍해서 우짜노!"

"자슥을 잃으믄 하늘이 무너진다 안카나!"

"순남 어메야! 정신 좀 차리라! 그라다가 네 죽는다."

"그라게. 참말로 우야꼬. 다 키와 논 자슥을 …. 참 몬 보겠다."

"순이가 얼매나 어메한테 잘 했노. 동생들한테도 잘하고. 참말로 다시 없이 부지런하고 착한 아~ 였고마."

"구장님이 좀 심했다. 한 집안이믄서, 얼라 꺼정 데리가고 그래 한 거는…."

"그라인께네, 그 면 공장이라 카는 데가 사람 잡는 데라 안 카나? 얼라를 우예 그기를 보냈노 말이다."

"그기 구장이 지 공[功] 세울라 안 그랬나. 즈그 여슥[딸]이믄 그래 했겠나? 말이 한 집안이지 뭐 요새 시상[세상]에는 남이제."

"구장님도 다 우에서 시키는 데로 하는 거 아인교?"

"하이고, 그 좀 모리는 소리 고마해라. 다른 동리서는 쪼매쓱 눈 감아주고 봐주고 그란다 카더라. 다들 뒤로 봐 주고 그라는기지. 그래 우에서 시킨다 꼬 시키는 데로 다 하는 중 아나? 한 동리서 그래 악착같이 끌어가고 그라마 되겠나 말이다. 순이가 얼매나 쪼맨 아~였노? 인자 한 열 살 묵것나?"

"하모요, 열 살 됐지 싶네예. 그라고 여슥인데…."

"그라고 순남 아재가 구장댁에 얼마나 잘 했는교? 그란데 너무 했는기라요."

"참말로 남의 일이 아이다. 시상이 우짤라고 이라노 말이다."

"하모요. 부산서 그 아~ 한테 우예 했길래, 부모 가슴에 대못을 박고 저리 시상을 비렸단 말인교."

"아이고. 순남이네야! 아이고, 우얄끼고! 암만 캐도 정신차리서 자슥 데불고 살아야제."

아주머니들이 어머니를 안고 등을 쓰다듬으며 한마디씩 합니다.

그래도 어머니의 통곡은 그치지 않습니다. 물론 나의 울음소리도 순남이 울음소리도 그치지 않습니다.

사립문 밖으로 작아지는 아버지의 어깨가 조금씩 흔들리네요.

왜일까요?

봄에 떠나 겨울에 돌아온 성아

아버지가 돌아왔습니다.

아버지는 다음 날 해가 저물어서 작은 항아리를 하나 안고 돌아왔습니다.

그 사이에 죽은 듯이 잠만 자던 어머니는 일어나 항아리를 안고는 다시 혼절했습니다.

나는 압니다.

그 항아리에 든 것이 성아라는 것을 ….

봄에 집을 나선 성아라는 것을 ….

아버지는 그 밤에 혼절한 어머니 품에서 항아리를 빼내 들고 나갔습니다. 산에다 묻었다고 하더군요. 동짓달 밤에 언 땅을 파고 성아의 뼛가루가 담긴 항아리를 묻었답니다.

면에서 초상을 치러주겠다고 했지만 아버지가 그만두라고 했다네요. 징용 나가서 죽은 사람이라고 면에서 초상을 치러준다고 했다지요. 어르신도 초상을 치자고 했지만 아버지가 싫다고 했답니다.

"얼라 죽었는데 무신 상을 치는교? 그라고 초상 잘 친다꼬 큰 아~가 살아오는교? 다 부질없는 짓이니더. 그만 둘랍니더."

이랬다지요.

나는 아버지가 성아를 어느 산, 어디에 묻었는지는 모릅니다.

며칠 후 진짜 설날이 돌아왔으나 우리 집에는 설날이 없습니다. 설날부터 대보름까지 마을은 가장 먹을 것도 많고 놀이도 많아 들썩거리지만 우리 집은 조용합니다.

설날이 지나고 두 밤을 자고 나자, 아버지가 면에 나가서 제적除籍등본謄本을 가지고 왔습니다. 성아의 사망신고를 마쳤답니다.

거기에는 '소화19년[1944년] 12월 27일, 부산부 방적회사 노무계장 사카이坂井末松 계출屆出'이라고 적혀 있다고 합니다.

날짜는 지난번에 아버지가 가져왔던 전보 내용과 같네요. 노무계장은 방적공장에서 성아와 같은 소녀들을 관리하던 높은 사람이라는데요. 이 사람이 면으로 성아가 '몇날 몇시에 어디서' 죽었다고 전보를 보냈고, 그것을 받은 면 서기 아재가 제적등본에 그렇게 올렸다는 소리라고 합니다.

어르신 말로는, 성아가 공장에서 병을 얻어 병원으로 옮겼지만 거기서 사망했다고 합니다. 성아가 왜 병을 얻었는지 무슨 병이었는지도 모른다고 합니다.

어머니는 벌써 여러 날 째 자리보존을 하고 있어요. 어머니는 성아의 뼈 항아리가 온 후 잠시 몸을 추스렸으나 다시 쓰러졌습니다. 며칠 전에 어르신에게 찾아간 뒤 부터지요.

동네사람들 말로는 어머니가 어르신을 찾아가 마당에서 '우리 순이를 살려내라'며 통곡을 했다고 합니다.

'남의 집 멀쩡한 자식을 공부 시켜주고 돈도 벌게 해준다고 데려가더니 이게 무슨 꼴이냐'고, '기숙사에서 편안하게 있으니 걱정 말라더니 그게 다 헛

소리였느냐'고, '어린애를 추석에도 안 보내주고 있더니만 종국에는 뼈 봉다리만 보내주었냐'고.

고래고래 소리를 지르다가 아버지 등에 업혀 왔습니다. 또 다시 정신 줄을 놓은 게지요.

"지 멩[명命]이 그래 밖에 안 된기라예. 도리가 없는 일, 아인교? 자슥 앞 세운 애비가 누구 탓을 하겠는교. 누구를 원망하겠는교? 아무 소용없구마요. 다 지 팔자대로 사는기구마요. 잊어야지예. 잊아뿌야지예. 내 마, 잊아 뿔집니더."

아버지는 어르신에게 이렇게 이야기했다지만 그 이후로 어르신네 집에 가는 것 같지는 않았습니다.

순이와 쌀 가마니

오늘은 한동안 두문불출하던 아버지가 나가서 지게에 가마니를 하나 짊어지고 왔습니다. 지게에서 가마니를 내려놓으며 아버지가 내뱉습니다.

"이게 우리 순이 멩命 값이다!"

가마니 안에는 쌀이 들어 있습니다. 껍질을 벗긴 쌀이 아니라 나락에서 털어낸 그대로입니다. 아버지가 절구에 찧으니 속살이 드러납니다. 원래는 쌀이 하도 귀하니 껍질을 조금만 벗겨서 밥을 해먹도록 한다는데요. 아버지는 병에 집어넣고 껍질을 많이 벗겨서 하얗게 만든 다음에 저에게 줍니다.

"밥해 가, 순이 상에 밥 한 그릇 올리라."

이 쌀은 면에서 준 거랍니다. 징용 나가서 죽은 가족이 생기면 주는 것이라는 데요. 쌀 한가마니나마 어머니가 어르신네 가서 통곡을 한 덕택에 받은 것이랍니다. 가만히 있는 사람은 한 가마니는커녕 한 댓박도 얻어먹지 못한다는군요.

내가 태어나서 우리 집에 쌀이 가득한 가마니가 있는 것을 한 번도 본 적이 없습니다. 그 뿐이 아닙니다. 내가 직접 눈 같이 하얀 쌀로 밥을 지은 것도 처음입니다. 나는 성아의 목숨 값으로 난생 처음 흰쌀밥을 지어 보았습니다.

밥이 다 되자 아버지가 한 그릇 잘 담아서 윗목에 밥상을 차려 두라고 합니다. 성아의 밥상이랍니다.

어머니가 자리에 누운 채 윗목에 차려둔 밥상을 물끄러미 바라봅니다.

"에고 무시라. 살아서는 밥 한 그릇 올키 못 믹였구마는…. 죽으서 묵는 밥이 무신 소용이고. 똥밭에 굴러도 이승이 낫다 카던데…."

조금 후에 아버지가 윗목에 차려둔 밥상을 들고 아랫목으로 옵니다.

"인자 큰 아~ 밥 다 묵읏은게, 우리도 밥 묵자. 순님이 니 식구들 밥 다 가온나."

"야."

"임자도 일으나 보소."

"내는 됐니더. 아~들하고 수저 뜨이소."

"그라지말고 일으나소. 그래도 순이 밥인게 한술이라도 뜨야제. 내 일으키 주꾸마."

아버지의 부축을 받아 어머니가 자리에서 몸을 일으켜 등에 기대고 앉았습니다. 그러나 그 귀한 쌀밥을 어머니는 먹지 못합니다. '목이 메어서 넘어가지 않는다'고 하네요. 그냥 쳐다만 보고 있습니다.

아버지도 수저를 조금 뜨다가 맙니다.

"메밥[쌀밥]은 심심해서 몬 묵겠다." 하면서 수저를 내려 놓습니다.

나는 순남이한테 씹어서 먹이면서 조금 먹어보았습니다. 참으로 맛납니다. 이렇게 맛난 것을 성아는 못 먹었단 말입니다. 입안에 남은 밥 냄새가 가시지 않습니다. 그저 숟가락으로 푹푹 퍼서 많이 먹고 싶네요.

그러나 부모님들이 수저를 들지 않고 있으니 그럴 수도 없습니다. 게다가 순남이도 어느 정도 배가 찼는지 도리질을 합니다.

그런데도 내가 숟가락을 내려놓지 못하고 딸막거리고 있자 아버지가 한마디 합니다. "순님이, 밥 많이 묵으라. 그래야 느그 성이 좋아한다. 아부지는 심심해서 고마 묵는기다."

그래서 몇 수저를 더 먹었습니다. 꿀맛 같은 밥을, 맛있는 밥을 먹었습니다.

"이게 누구 목숨 값인지도 모르고, 무슨 밥인지도 모르고 밥만 퍼 먹고 있다"고 어머니에게 한 소리 들을 것 같았는데, 아무 소리가 없네요.

나도 압니다. 이 밥이 무슨 밥인지…. 성아가 죽은 대신 먹는 밥이지요.

그러나 먹고 싶습니다. 그런데 배부르게는 못 먹었습니다. 밥은 정말 맛이 있는데, 더 먹으면 안 될 것 같은 생각이 들어서 두어 수저만 더 뜨고 그만두었습니다.

성아는 그 봄날에 집을 떠나던 날 아침에 어르신이 보내준 쌀을 넣은 밥을 먹었지요. 그때 어르신이 성아에게 '나중에 휴가 받아 오면 쌀밥 준다'고 했던 기억이 나네요. 그 밥이 이 밥인가요.

그렇게 먹고 싶던 하얀 쌀이 잔뜩 생겼는데
우리 성아는 왜 안 오지...?

올해 성아의 나이는 겨우 열 살이었습니다

올해 순이 성은 집 나이로 겨우 열한 살이 되었을 뿐입니다.
일본 사람 나이로는 열 살.

- 우리 순이 성아는 왜 봄날에 두발로 걸어서 집을 나섰건만, 추운 겨울에 항아리에 담겨서 돌아왔나요?

너무 어린 성아를 공장에서 힘들게 일을 시켰기 때문이랍니다. 성아를 추석에도 집에 보내주지 않고 제대로 먹이지도 않고 일만 시키다가 결국 병에 걸리게 했기 때문입니다.

- 성아는 공장에서 무슨 일을 했을까요. 무슨 일을 했는데, 이렇게 심한 병에 걸렸나요?

성아는 실을 잣는 일을 했답니다. 그런데 공장 안에 먼지가 많고 온도와 습도가 높아서 어린 소녀들이 병에 걸리기 십상이라고 합니다. 솜을 트고 이것을 다시 실로 바꾸고 하는 사이에 먼지가 많이 쌓이지요.

그런데 온도와 습도가 낮으면 실이 자주 끊어진다고 해서 공장안에 창문도 열지 않고 땀이 뻘뻘 나도록 덥게 했다고 하지요.

그러니 면역성이 낮고, 늘 영양실조 상태인 어린 소녀들은 병에 걸리기 쉬었다고요. 병의 이름은 폐병이라고 합니다. 기침을 하다가 막 피를 토하다가 죽어가는 병이라고 합니다.

– 얼마나 심한 병이었으면 병원에 데려갔는데도 살아나지 못했나요?

병세가 심해진 이후에야 병원에 데려갔기 때문이랍니다. 병세가 심하지 않을 때 병원에 데려다주었다면 나을 수도 있었겠지요. 집에라도 보내주었다면 죽지 않았을 수 있었겠지요. 그런데 일을 조금이라도 더 시킬 욕심에 죽도록 그냥 내버려두었기 때문이랍니다.

성아는 가족도 없이 혼자 쓸쓸히 죽어갔습니다.
장례식葬禮式도 없이 성아는 그렇게 갔습니다.
종잇짝을 하나 남기고 갔습니다.
식구들에게 쌀 한가마를 남겨주고 하얀 쌀 같이 하얀 눈 속에 떠났습니다.
뼛가루가 되어 작은 항아리에 담겨서 고향으로 돌아온 성아는 산소도 쓰지 못하고 동짓달 언 땅 아래 묻혔습니다.
아버지만 아는 곳에 묻혔습니다.
성아가 어디에 묻혔는지는 아버지가 아니면 알 수 없습니다.
이제 세월이 조금 더 흐르면 순이 성이 묻힌 곳은 찾을 수도 없겠지요.
그리고 성아의 일도 잊혀지겠지요.
성아가 왜 부산의 면 공장으로 가야했는지, 왜 살아서 돌아오지 못했는지 ….
슬픈 일입니다.

그래서 나는 결심했습니다.
아무리 세월이 흘러도 성아의 일은 잊지 않겠다고 ….

내가 어른이 되어도 잊지 않고 성아를 기억할 거라고 ….

내가 시집을 가서 아이를 낳으면 내 아이들에게 성아가 왜 돌아오지 못했는지 이야기해줄 거라고 ….

내 이웃에게도 내 아이의 동무들에게도 이야기해줄 거라고 ….

그렇게 먹고 싶던 하얀 쌀이 잔뜩 생겼는데
우리 성아는 왜 안오지...?

두 번째 이야기

팔도에서 모인
청진 다이니치보의 '산업전사'

❖ 나는 열 두 살이다.

나는 열 두 살이다.

내 고향은 경북 안동군 녹전면이다.

그런데 나는 지금 고향에서 멀리 떨어진 함경북도 청진에 와 있다. 너무나 먼 곳이다.

1945년 3월 어느 날 집을 떠났다.

면에 가서 몇몇 사람들과 같이 옹천역으로 갔다. 옹천역에서 기차를 타고 안동으로 가서 일단 하룻밤을 보냈다. 무슨 여인숙이라고 했다. 그곳에 모여서 잠을 잔 후 다음날 기차를 타고 청진으로 왔다.

며칠 동안 기차를 타고 왔는지는 모른다. 내 생각에는 한 일주일은 걸린 것 같다. 그렇게 오래 걸린 것 같다. 기차를 타고 하염없이 달렸으니까 ….

같이 떠나는 사람들은 같은 면 사람들이라고는 하나 처음 보는 이들이다. 다들 나와 비슷한 나이의 소녀들이 있다. 소녀들 가운데에는 나보다 더 어린 동생도 있는 것 같았다. '저런 작은 손으로 무엇을 할까' 싶을 정도로 어린아이도 있었다.

우리는 다들 홑겹옷을 입고 있었다. 봄이라고는 하지만 여전히 찬바람이 남아 있었기에 바람은 더욱 얇은 옷 사이로 파고들었다.

일행 중에는 남자도 있었다. 일하러 가는 사람들이 아니었다. 우리를 데려가는 사람들이었다. 안동까지는 면 사람이 데리고 갔고, 안동에서 이 남자들이 나타났다. 면 사람이 우리를 이 남자들에게 넘겨주었다. 다들 처음 보는 얼굴이다. 아마 우리 동네 사람이 아닌가 보다. 이들은 관官에서 나왔다고 했다. 무서운 순사巡査도 있었다.

관이라 하니 안동군청에서 나왔는지, 어디서 나왔는지는 모르겠지. 조선 사람인 것 같은데 일본 말만 했다. 안동에서 면 사람들이 돌아간 후 이 남자어른들이 우리를 데리고 여인숙으로 갔다. 그리고 다음 날 같이 기차를 탔다.

여러 명이 같이 떠났지만 우리는 서로 말이 없었다. 여인숙에서도, 기차에서도 …. 다들 모르는 사이인데다가 너무 무서웠다. 무서워서 말을 할 수 없었다. 지금도 그렇지만 당시 우리는 너무도 어린아이들이었다.

집을 나서면서부터 걱정은 많았다. 어디로 가는 것인지, 앞으로 어찌 될지, 살아서 고향으로 돌아올 수는 있는지, 행여 군대에 위안부慰安婦로 팔아넘기는 것은 아닌지 등등 걱정은 한도 끝도 없었다.

우리 소녀들은 여인숙 한 방에서 같이 묵게 되었지만 입을 열 수 없었다. 통성명도 하고 같이 하소연이라도 하고 싶었지만, 그저 벌벌 떨며 뜬 눈으로 밤을 지새웠다.

울 수도 없었다. '울거나 소리를 내면 먼 곳에 팔아버린다'는 남자 어른들의 엄포가 너무도 무서웠기 때문이다. 정말 말을 안 들었다가는 다시는 나올 수 없는 먼 곳으로 팔아넘길 것 같았고, 쥐도 새도 모르게 없애버릴 것만 같았다.

무서움은 기차를 타고 나서도 마찬가지였다. 난생 처음 타보는 기차는 신기하기도 했으나 두려움이 더욱 컸다. 기적소리에 고막이 터지는 것 같았고, 바퀴소리는 저승사자의 목소리 같았다. 그저 정처 없이 달리는 기차는 우리를 고향에서 점점 멀리 떼어놓는 것 같았다. 실제로 그랬다. 고향에서 멀어지고 있었다.

게다가 기차 안에서는 남자 어른들이 더욱 무섭게 굴었다. 마음대로 행동하지 못하게 했다. 우리를 데려가는 사람들이 자리에서 일어나지도 못하게 하고 말도 못하게 했다. 어디로 데려가는지 말해주지도 않았다. 그래서 더 무서웠다.

배가 고팠다. 집을 나선 첫날 하루 종일 먹은 것은 주먹밥 한 덩이였다. 그 다음 날에도 마찬가지였다. 소피가 마려워도 뒷간에 갈 수가 없었다. 그렇게 몇날 며칠을 갔다. 너무 고통스러웠다.

그렇게 북쪽으로 북쪽으로 갔다. 집은 더욱 멀어져만 갔다.

공출이라고

왜! 나는 이 머나먼 곳까지 왔나?

고향이 남쪽 경상북도 안동인데 ….

나도 잘 모르겠다.

아니, 조금 알기는 안다. '공출供出'이라고 했다. 면에서 '공출' 나가는 거라고 했다.

올봄에, 봄이 막 시작되려는 때, 봄이 막 시작되려고 해서 어른들도 부지런히 몸을 움직여야 하는 때에 면에서 통보가 왔다.

'공출 나왔다'고.

'이 집 막내딸이 이번에 영광스러운 산업전사로 나가게 되었다'고.

'원래 산업전사는 남자들에게만 주어졌고, 더군다나 조선 여자들은 꿈도 못 꿀 일이었으나 천황폐하의 은덕으로 특별히 조선 여자들에게도 허용하게 되었다'고.

'여자들한테는 특별히 여자근로정신대女子勤勞挺身隊라고 부른다'고.

'온 몸을 바쳐서 열심히 일을 하는 여자애들을 여자근로정신대라고 한다'고.

'원래는 남자들에게만 정신대라는 이름을 붙였는데, 이번에 특별히 여자애들에게도 이 이름을 붙이게 되었다'고.

'이런 기회는 아무 때나 오는 게 아니라'고.

'내가 특별히 그 집 사정을 생각해서 추천했는데 다행히 뽑혔노라'고.

'거기로 자식을 내 보낸 집은 나라에서 특별히 배급도 신경 쓰고 보답을 해준다'고.

'거기 가서 열심히 일을 하면, 나중에 나라에서 큰 상도 내릴 것이지만, 무엇보다도 집안의 광영'이라고.

왜! 나는 이 머나먼 곳까지 왔나?

고향이 남쪽 경상북도 안동인데 ….

나도 잘 모르겠다.

아니, 조금 알기는 안다. '공출供出'이라고 했다. 면에서 '공출' 나가는 거라고 했다.

올봄에, 봄이 막 시작되려는 때, 봄이 막 시작되려고 해서 어른들도 부지런히 몸을 움직여야 하는 때에 면에서 통보가 왔다.

'사람이 한번 세상에 태어났으면 이런 영광스러운 일을 하고 죽어야 한다'고.

'나도 딸이 있었으면 보냈을 터인데, 참 아쉽다'고.

마을 구장 어른이 일부러 찾아와 알려주었다.

아버지는 주억거리며 들었다. 어머니도 대꾸를 못했다. 그저 두 손을 모으고 들었을 뿐이다.

그러다가 나온 아버지의 한마디는 "그라마 언제 갑니꺼?"였다.

그리고 조금 이어서 나온 어머니의 말은 "정신대라카는 기 작부酌婦 맹키로 남자들 받고 그란 거 아니지예?"였다.

"하모. 하모. 그기 아이라. 공장서 일 하는 기다. 난제[나중에] 돈도 올케 받고 …. 좋은 기라. 그래가 내가 가라 안 카나."

구장 어른이 설명해 주었다.

공출이 무엔가. 쌀이나 곡식 내 가는 것을 공출이라고 했다. 집안의 놋그릇하고 부엌의 솥을 떼어서 내 가는 것을 공출이라고 했다.

그뿐이 아니다. 동네 광산에서 시커먼 돌을 캐내서 실어나가는 것도 공출이라고 했다. 목화솜 내는 것도 공출이라고 했다. 우리 동네 개들 잡아서 털 뽑아서 내는 것도 공출이라고 했다. 염전하는 어른들이 소금 내는 것도 공출이라고 했다.

물건 내가는 것은 다 공출이라고 했다.

그런데 사람 나가는 것도 공출이라고 했다. 사람 공출이라고 했다.

남자 어른들이 일본으로, 화태[樺太, 가라후토라고 불렀다]로 탄광 일 가는 것도 공출이라고 했다. 저기 남양군도南洋群島로 가는 것도 공출이라고 했다. 일본에 비행기 만드는 공장으로 가는 것도 공출이라고 했다.

다들 어른들이다. 그리고 남자들이다. 여자는 없었다.

그런데 이번에는 나 같은 쬐끄만 계집애한테도 공출 나간다고 했다.

그리고 보년 사람이건 물건이건, 여자건 남자건, 어른이건 아이건, 집을 떠나는 것은 몽땅 공출인가보다.

언니도 공출에 나갈 수 있었다. 그런데 내가 뽑혔다. 이것이 다 이유가 있다고 했다. 언니는 나이만 먹었지 몸이 약해서 '산업전사'의 자격이 부족하다고 했다. 나이가 어려도 내가 몸이 단단하고 말귀도 잘 알아먹어서 일을 할

만 하다고 ….

　물론 내가 언니보다 좀 단단하기는 하지만 그래도 이제 겨우 열 두 살인데 일을 하면 무엇을 얼마나 하겠는가. 부엌에서 물이 담긴 설거지통 하나 들고 나서려 해도 손목이 후들거려서 온몸에 진땀이 날 정도이다. 어른들은 내 손이 너무 작아서 그렇단다. 아직 지게질 한 번 해본 적 없다. 키가 작고, 근력이 약해서 지게를 지고는 일어설 수가 없단다.

　나는 그저 물동이 정도나 이고 냇가에서 빨래나 하고, 밭일이나 좀 거들고 할 정도이다.

　그런데 갑자기 '산업전사'가 되었다.

　'여자근로정신대'가 되었다.

　구장 어른 덕분에 그렇게 되었다.

도대체 '산업전사'가, '여자근로정신대'가 뭐란 말인가

　구장 어른이 그렇게 영광스럽고 귀한 기회라는 '산업전사'는 도대체 뭐란 말인가.

　남자들이 군인이 되어 나라를 위해 목숨을 바치는 것과 같단다. 군인은 전쟁터에서 목숨을 바치지만 그렇게 할 수 없는 사람들에게도 나라를 위할 수 있는 기회란다. 공장이나 탄광에서 일을 열심히 하면, 군인과 마찬가지로 천황폐하가 기뻐하신단다. 백인 귀신들을 내 쫓을 수 있는 길이란다. 그래서 군인은 아니지만 군인이라는 의미로 '전사戰士'라고 부른단다. 전쟁터가 아니니 '산업産業'이라는 말을 붙인단다.

그리고 나라에서 확실하게 보답을 한단다. 가족들에게 수당이라고 해서 돈도 주고 늘 돌봐준단다. 행여 조금 다치기라도 하면, 물론 치료도 잘 해주지만 보험금도 준단다. 일을 못한 만큼 날짜를 계산해서 월급도 챙겨 준단다. 일을 안 해도 돈을 받는 셈이다. 만분의 일일지언정 산업전사가 일을 하다가 죽기라도 하면, 나오는 수당이 한두 가지가 아니란다. 물론 높은 양반들이 와서 장례식도 거창하게 지내주고 가족들이 평생 잘 살 수 있도록 해준단다. 이 말이 사실이라면 참 대단하게 대우를 해주는 것이다.

그래서 산업전사라고 ….

그러면 '여자근로정신대'는 또 무엇이란 말인가. 결혼하지 않은 처자들, 아주 어린 여자아이들을 군수공장에 데려다 일을 시키기 위해 법(여자정신근로령)을 만들어서 붙인 이름이란다. 일본의 방적공장이나 비행기 부속 만드는 공장에 간 소녀들에게 불렀는데, 조선의 방적공상이나 군수공장에 간 소녀들에게도 여자근로정신대라고 부른단다. 주로 학교 다니는 아이들이었지만 할당을 못 채우면 나 같은 학교에 다니지 않은 아이들도 해당된다고 했다. 학교는 안 다녀도 야학을 다녀서 글도 알고 하니 일 부리기가 좋다나 뭐라나 ….

그런데 나는 나라를 위해 목숨을 바치고 싶지 않았다. 그것보다는 그저 어머니를 도와 집안일을 하고, 어른들 말씀에 순종하고, 시간이 나면 동무들과 야학에 가서 글을 깨치고, 가난하지만 언니 오빠와 같이 즐겁게 지내고 싶었다.

천황폐하가 기뻐하시는 것 보다는 부모님에게 칭찬을 듣고 싶었다. 천황폐하가 높은 분이라는 것은 들었지만 무엇을 하는 분인지 모른다. 점심때마다 천황폐하가 계신다는 신사를 향해 절을 하라고 하는 것을 보면 높은 분이기는 한 모양이다. 무슨 신이어서 잘 모셔야 한다니 그러려니 하기는 한다. 그런데 잘 모시면 뭐가 좋은지 제대로 알려주는 사람은 없다.

백인 귀신도 그렇다. 물론 백인 귀신이든 검은 귀신이든 귀신은 무섭다. 그러나 야학에 가면, 늘 군인으로 간 오라비들이 이런 귀신을 잘 내쫓고 있다고 이야기하지 않는가. '오늘도 황군은 승승장구하며' 이런 노래도 하면서 ….

그러니 나 같은 꼬맹이 까지 나설 일도 아니다. 그런 거창한 일은 어른들이 다 알아서 할 일이다.

내가 다치거나 죽어서 가족들이 많은 돈을 받는다는 것은 다행스럽지만 절대로 그러고 싶지 않았다. 그래서 산업전사가 되고 싶지 않았다.

그런데 내가 그 일을 해야 한다고 했다. 영광스럽게 그 일을 하도록 내가 뽑혔다고 했다. 이 작은 손으로 백인 귀신을 내쫓는 일을 도와줄 수 있다고 했다. 천황폐하를 위해, 나라를 위해 아무나 잡을 수 없는 귀한 기회를 잡았다고 했다. 구장 어른이 그렇게 말했다.

부모님들도 '가지 말고 그냥 집에 있으라'고 말리지 않았.

'나라에서 정한 일이니 도리가 없다'고 했다.

'보내기는 싫지만 가족을 위해 갔다 오라'고 했다.

'가지 않으면 아버지가 감옥에 가서 무서운 고문을 받을지도 모른다'고도 했다.

이것이 모두 '자기 나라를 잃고 남의 나라에 노예로 살기 때문'이라고 했다.

그렇게 영광스럽게 귀한 길이면 가고 싶어 하는 사람이 많을 텐데, 왜 나같이 가고 싶어 하지 않는 아이를 보내는 것인가.

왜 부모님들이 보내기는 싫지만 가야 한다고 말하는 것일까.

왜 내가 가지 않으면 아버지가 감옥에 가서 고문을 받는 것인가.

그리고 우리나라는 어디로 가고 남의 나라에 노예로 산다는 말인가.

내 나라는 무엇이고 남의 나라는 무엇인가.

구별하기 어렵다. 나는 그저 고향에서 가족들과 같이 살고 있었을 뿐인데 ….

나는 너무 어려서 잘 모른다. 그렇다고 어른들도 잘 아는 것 같지는 않다. 그래서 더 물어보기도 어렵다. 더군다나 꼬맹이니까 시키는 대로 할 뿐이다.

그래서 나는 집을 떠났다. 구장 어른과 면 사람을 따라 옹천역에서 기차를 타고 안동역으로 왔고, 이상한 남자들을 따라 다시 기차를 타고 청진으로 왔다.

높은 성 같은 청진 공장

그렇게 여러 날 기차를 타고 북쪽으로 북쪽으로 달려와서 도착한 곳은 함경북도 청진이었다.

역전에 나서니 간판이 그렇게 박혀 있다. 나는 야학을 다녀서 그래도 글자는 읽을 줄 안다.

청진역 앞에 내리고 보니 나와 같이 기차를 타고 온 아이들이 꽤 많았다.

수 십 명은 되는 것 같았다.

우리를 데려온 남자 어른들은 기차 안에서도 내내 인원점검을 했지만 역에 내리니 더욱 험한 얼굴을 하고 인원을 다시 헤아렸다.

역전에는 또 다른 남자들이 서 있었다. 순사 옷을 입은 사람도 있었다. 안동역에서 청진까지 우리를 데려온 남자 어른들이 이들과 인사를 나누더니 돌아선다. 이제 새로운 남자 어른들이 우리를 데리고 나선다. 이들이 앞으로 뒤로, 옆으로 서서 우리를 데리고 길을 나섰다.

기차를 내려 공장까지 청진역에서 줄을 서서 한참을 걸어왔다. 공장은 역전에서 한참 멀었다. 청진부 동수남정에 있는 방적공장이었다.

한참을 걸으니 공장에 도착했단다. 공장 앞에서 우리가 울타리 안으로 들어서는 것을 보고 남자 어른들 가운데 일부는 오던 길로 되돌아갔다.

허허벌판이다. 넓은 마당에 공장 건물이 휑하니 서있다. 그런데 건물을 둘러싼 울타리가 얼마나 높은지 무슨 성城과 같았다. 벽돌로 까맣게 올려쌓고 그 밑으로 몇 길이나 콘크리트를 쳐 놓아서 철벽같은 담이다. 그 담에는 바늘구멍하나 볼 수 없다. 공장 울타리에는 높은 망루까지 있었다. 공장건물에는 크고 높은 굴뚝이 있고, 거기에서 연기가 피어오르고 있었다.

처음에 도착해 울타리 안으로 들어서니, 마당에 줄을 서라고 한다. 줄을 세우고는 행사를 시작한다. 입소식이란다. 공장 건물에서 남자들이 여럿 나와서 우리 앞에 섰다. 다들 검은 옷을 입고 짧은 막대기를 하나씩 들었다. 모두들 굳은 얼굴을 하고 서늘하기가 바람보다 더 하다.

여럿 가운데 동그란 안경을 쓴 사람이 나와서 훈시를 한다. 일본 사람인지 조선 사람인지 모르지만 일본말로 한다. 그러니 우리가 알아들을 수가 없다. 누군가가 다시 옆에서 조선말로 전해준다. 노무勞務라는 사람이다. 이름이 노무가 아니라 하는 일이 노무란다. 노무는 공장에서 일하는 우리 같은 사람들을 관리하고 지키는 사람이라고 ….

그런데 그 말이 높은 사람이 한 말 그대로인지 뭔지 모르겠다. 높은 사람은 한참을 떠들었는데, 노무가 전해 준 조선말은 몇 마디 없다. 그냥 산업전사로서 천황폐하를 위해 열심히 일을 하라는 말이다. 또 그놈의 산업전사에, 천황폐하 타령이다.

여전히 칼바람이 홑겹 옷 사이를 파고드는데, 허허벌판에 서서 훈시訓示를 듣고 있자니 턱이 덜덜 떨린다. 그리고는 사진을 찍는다고 준비를 하란다.

공장건물 앞에 의자를 갖다놓고 아까 그 동그란 안경과 검은 옷 입은 남자들이 앞에 앉고 우리는 뒤에 세웠다. 옆에 깃대를 세우고 사진을 박는다. 사진이 무엇인지도, 뭘 하는 지도 잘 모른다. 그저 얼떨결에 시키는 대로 할 뿐이다.

노무가 하는 말이 이렇게 박은 사진은 집에도 보내주고, 사진첩도 만들고 신문에 실릴 수도 있단다. 신문에 '산업선사가 정진에 도착하여 입소식을 했다'고 실린다나.

그런데 나는 그 사진을 본 적이 없다. 신문에 실렸는지는 모르겠다. 집에서도 사진을 받았다는 편지는 없었으니, 집에 보내준 것 같지도 않다.

입소식이 끝난 후 기숙사에 짐을 풀었다. 신사神社에 참배를 다녀와야 한다고 했다. 짐이래봤자 작은 보따리가 고작이어서 풀고 자시고 할 것도 없다. 그러나 이것을 안고 신사에 갈 수 없다고 기숙사에 두고 오라고 했다. 요기도 시켜준다고 해서 부푼 마음으로 따라나섰다.

기숙사는 공장건물 한 가운데에 있었다. 좁디좁은 방에 보따리만 내려놓고 이내 나왔다. 저 작은 방에 13명씩 들어간다고 했다.

기숙사에서 복도로 나오니 식당이 있다. 거기에서 멀건 된장국과 밥을 먹었다. 밥은 쌀과 보리쌀을 섞은 것이었는데, 웬일인지 보리는 구경하기도 어렵고, 쌀이 반이 넘는다. 그런데 냄새가 나서 도저히 넘길 수가 없었다. 석유내 같은 냄새다. 저 멀리 남방에서 온 안남미라서 그렇단다. 보리보다 쌀이 많은 이유를 알았다. 반찬도 없었다. 소금덩이가 와그르르한 새우젓인데 비린내 천지다. 그래도 따뜻한 국물을 먹으니 좀 살 것 같았다. 여기저기에서 큰 소리가 들렸다.

"이년들, 더 굶어봐야 한다. 이 귀한 음식을 남겨? 나쁜 년들. 이것도 못 먹는 조선 사람이 얼마나 많은 줄 아나? 한 열흘 굶어봐라. 네 년들은 팽팽 굶겨가며 일을 시켜야 정신을 차린다."

아마 아이들이 밥을 넘기지 못하는 것을 보고 하는 소리인가 보다. 참 모질다. 우리 같은 아이들에게 …. 자기네들도 우리 같은 누이가 있고, 여식[딸 자식]이 있을 텐데 ….

나는 두 눈을 찔끔 감고 밥 덩어리를 씹지도 않고 삼켜버렸다. 입안에 냄새가 그대로 남아 있다. 남은 국물을 마셔도 냄새는 여전하다. '아이고, 어무이!' 소리가 절로 난다. 앞으로 이 밥을 먹으며 어찌 살꼬 ….

밥을 먹고 신사神社에 갔다. 신사가 무엇인지는 모른다. 고향마을의 절처럼 부처님이 계신 것도 아니고, 기둥만 두개 있다. 고향의 어른들은 신사를 일본 귀신 모신 곳이라고 했다.

신사로 가는 길은 한참을 걸어야 했다. 우리를 줄을 세우고 입소식에 참석했던 남자들이 앞 뒤, 옆으로 서서 데리고 갔다. 언덕을 올라가니 신사가 보였다. 칼바람 속에 벌벌 떨며 신사에 가서 시키는 대로 허리를 90도로 숙이고 절을 했다.

거기에서도 다시 훈시, 그저 훈시다. 무슨 말을 하는지 귀에 들이오지도 않았다. 그저 추위만 피하면 좋겠다 싶은 생각 뿐이었다.

돌아오는 길에 우리를 구경하는 사람들을 보았다. 사람들은 아무 말 없이 우리를 쳐다보고는 고개를 돌려 지나간다. 순간 서글펐다. 이제 저 성 같은 공장으로 들어가면 다시는 못 나올 것 같았다. 식구들도 못 만나고 고향으로도 돌아가지 못할 것 같았다.

그런데 어디로 도망갈 수도 없었다. 우리를 데려가는 남자들이 눈을 휘번덕거려서만이 아니다. 길이 낯설어서 도대체 어디가 어딘지 알 수가 없었기에 ….

우리가 마지막인가 보다

내가 있는 공장의 정식 이름은 '대일본방적공장'이라고 했지만, 사람들은 줄여서 다이니치보大日紡라고 불렀다.

공장은 1937년부터 청진에 들어섰다는데, 데라우치寺內 회사가 주인이란다.

원래는 비단공장이었는데, 비단을 만들어서 팔기 어려워지자 1940년에 방적공장을 지었다고 한다. 그리고 작년부터는 화학공장도 만들었다. 무슨 기계공장을 더 크게 짓는다고 지금도 공사가 한창이다. 가끔 지나가는 남자직공들 이야기를 들으면, 저렇게 큰 공사가 언제 끝날지 모르겠다고 한다.

공장에는 일하는 사람이 많았다. 수 천 명은 되는 것 같았다. 여자도 남자도 많았다. 그런데 여자들이 많았다. 여자라기보다는 아이들이었다. 대부분 내 나이 또래였다. 나보다 어린 아이들도 있었다. 나보다 조금 많은 언니들이 조금 있었지만 그래봤자 고향에 있는 우리 언니보다 많지 않은 나이인 듯했다. 모두들 스무 살도 안 되어 보였다.

남자들은 여자들 보다 숫자가 훨씬 적었다. 우리들을 관리했다. 그래서 감독이라고 했다. 선생이라고도 했다. 그런데 이들은 우리에게 뭘 가르치는 일도 없이 늘 입에 못 담을 욕을 했다. 쇠꼬챙이를 가지고 다니면서 우리를 쿡쿡 찌르기도 했다. 채찍으로 조는 아이들의 뒤통수를 때리기도 했고, 뺨을 치기도 했다. 낮에도 지키고 밤에도 지켰다. 밤에 잠을 자는지, 밖으로 나가는 아이는 없는지 지키고 또 지켰다.

우리 여자들은 하루에 12시간도 넘게 일을 했지만 남자들은 그렇지 않았다. 우리는 하루 2교대였지만 남자들은 3교대라고 했다. 우리는 여자인데다가 아이들이어서 남자들보다 훨씬 약한데 왜 우리가 남자들보다 일을 오래 하는지 알 수 없었다.

난생 처음 사진을 박아 보았다. 하기야 난생 처음이 한두 가지가 아니었다. 처음으로 기차도 타 보았고, 여인숙이라는 데도 들어가 보았다. 난생 처음 기숙사에도 들어왔고, 이상한 밥도 먹어봤다. 그리고 처음으로 집을 떠나왔다. 다행히 여기까지 오는 동안에 다른 곳에 팔리지 않았다. 여기서 나는 난생 처음으로 공장 일을 하게 되었다. 모두 순식간에 일어난 일이다. 구장 어른이 다녀간 후에 곧바로 일어난 일이다.

그리고 서너 달이 흘렀다. 추위가 거칠 것 같지 않은 이곳 청진도 이젠 여름이다. 하기야 지금이 7월이니 벌써 여름의 한 복판에 들어서 있다. 여름이 될 때 까지 기숙사는 너무 추웠다. 공장은 씸동이지만 기숙사는 냉골에 두터운 이불 하나도 없다. 다다미[疊. 마루방에 까는 일본식 돗자리. 속에 짚을 5cm 가량의 두께로 넣고 위에 돗자리를 씌워 꿰맨 것으로, 보통 너비 석 자에 길이 여섯 자 정도의 직사각형 모양으로 제작]가 깔려 있기는 하지만 얇은 담요 한 장으로는 너무 추워서 동무들과 끌어안고 있어도 이가 덜덜거렸다. 여름인 지금도 덥기는커녕 서늘할 정도이다.

그나저나 우리가 온 이후에 새로 들어온 아이들은 없었다. 아마 우리가 마지막인 듯했다.

팔도에서 다 모였네

공장에 들어와 보니 나보다 한참 전에 들어온 언니들도 많았다. 처음 방적공장을 지었을 때부터 들어온 언니들이 있었고, 그 전에 비단공장에서부터 있었던 언니들도 있었다고 한다. 감독 말로는 모두 합해서 직공이 사백 명도 넘는단다.

그런데 비단공장이 있을 때 들어왔던 언니들은 지금 찾기 어렵다. 병이 걸려서 집에서 데려갔단다. 그중에 우리 고향 안동에서 온 언니도 있었다고 한다. 병이 깊어서 이모부가 집으로 데려갔다는데, 죽었다고들 한다. 안동 임하면에서 온 언니였다는데, 왜 고향으로 돌아갔으면서도 죽었을까.

어떤 언니 말로는 병이 심하다보니 상심해서 스스로 목숨을 끊었다고 한다. 참 끔찍한 일이다. 그리고 참 안되었다. 한 동네 언니여서가 아니라 생목숨을 끊었다고 하니 그냥 불쌍하고 마음이 슬프다.

나하고 동갑내기인 점수는 나보다 이태 전에 들어왔다. 전북 진안에서 한 삼 십 명이 모여서 같이 왔단다. 나이는 나하고 같아도 공장에서는 선배라서 내가 늘 일을 배우고 다른 도움도 많이 받곤 했다.

다른 공장에서 일하다가 온 언니도 있다. 충남 부여에서 온 정순이 언니는 황해도 순안의 어느 방적공장에 있다가 얼마 전에 이리로 옮겨왔단다. 이리로 오지 않고 그냥 집으로 가고 싶었으나 공장사람들이 다른 동무들과 같이 기차에 실어서 이리로 데려 왔단다. 순안에서는 얼마 안 있어서 공장 이름도 모르고 거기가 어디였는지도 모른다고….

지금 남은 언니들은 고향이 충청도도 있고, 경상도도 있고, 전라도도 있다. 그런데 가까운 함경도에서 온 사람은 한 사람도 없다. 모두 남쪽 사투리를 쓴다. 언니들 말로는 함경도는 물론이고, 평안도나 황해도 등 북선北鮮 아이들은 본적이 없다고 했다.

이상한 일이다. 북선에는 사람이 살지 않는가, 아니면 방적공장에 데려올 여자아이들이 없다는 말인가. 북선에 사람이 살지 않을 리는 없건만, 아마 이 공장에 데려올 만한 아이들은 없는가 보다. 그러면 북선의 여자 아이들은 다 무엇을 하고 있는가. 궁금하다.

나하고 같이 들어간 아이들도 모두 남녘 아이들이다. 그런데 남녘 중에서도 모두 경북 아이들이다. 이전에 들어온 언니들은 남쪽이라도 서천이요, 부여요, 진안이요, 고창이요 하며 여러 지방 사람들이 섞여 있는데, 이상하게도 나와 같이 들어간 아이들은 모두 경북이다. 그 '산업전사'라는 것이 아마도 경상북도 사람들만 가도록 되어 있나보다. 참으로 이상한 일이다.

그런데 공장 동무들이나 언니들이 팔도 천지에서 이곳 청진으로 온 이유는 각양각색이다. 나처럼 산업전사나 근로성신내라고 이름 받고 온 처지들도 있었지만, 그런 이들은 얼마 되지 않았다. 나와 같이 들어간 아이들이나 바로 서너 달 전에 들어온 언니들 정도였다.

이 공장이 처음 세워졌을 때 들어온 언니들은 '모집'으로 왔다고 했다. 그런데 공장에 가겠다고 한 적은 없다고 …. 그저 면에서 가라고 해서 왔는데, 공장에 오니 '모집'으로 왔다고 하더란다. '우리 면에 할당이 나왔는데, 다 못 채우면 안 되니 가라고' 해서 왔는데, 노무나 감독은 '너희들이 오고 싶어서 온 것'이라고 한다.

억울했단다. '너네들은 오고 싶어서 온 주제에 게으름을 피우느냐'고 때리기도 하고 밥도 안줄 때도 있어서 …. 그렇다고 감히 노무한테 '오고 싶어서 온 것 아니'라고 해봤자 돌아오는 것은 매 밖에 없으니 그냥 참는단다.

'관알선'으로 온 언니들도 있었다. 이 언니들도 '우리 면에 할당이 나왔는데, 채워야 하니 반드시 가야 한다고' 해서 왔단다. '모집'으로 온 언니들 하고 같은 소리를 듣고 온 것이다. 그런데 공장에 와 보니 '관알선'으로 왔다고 하더란다. 그럼 '모집'하고 같은 것인가.

사연을 들어보면 다른 것 같지 않다. 나 같은 산업전사나 근로정신대하고도 같아 보인다. 면에서 보낸 것도 같고, '안 가면 안 된다'고 한 것도 같고, '안 가고 도망갔다가는 아버지가 감옥에 간다'고 한 것도 같다.

그런데 언니들은 다르다고 한다. 자기네가 올 때는 순사가 없었다고 한다. 군청 어른들도 없었다고 한다. 면 사람들은 있었지만 회사에서 온 사람이 고향에서부터 데리고 왔다고 한다. 우리만 순사와 군청 사람들이 데리고 온 것이다. 작년 말에 온 언니들도 순사하고 군청 어른들이 같이 왔다는데 ….

그것만 다르다. 누가 데려왔는가 하는 것만 다르다. 일 하는 것은 똑같다. 먹는 것이나 기숙사도 마찬가지다. 그저 돼지처럼 기숙사에 처박혀서 잠을 자고 공장에서 졸면서 일을 한다. 작년에 온 언니들도 재작년에 온 언니들도 마찬가지다. 모집으로 온 언니들도 나 같은 산업전사도 마찬가지다.

나라를 위해 천황폐하를 위해 실을 잣는 아이들

내가 있는 다이니치보에서는 주로 군인들이 입을 옷을 만들었다. 우리는 군복 중에서 겉옷을 만들었다. 속옷이나 양말은 다른 곳에서 만든다고 했다. 그런데 겉옷도 한 가지가 아니라 여러 종류이다. 바지도 여러 종류이고, 윗저고리도 여럿이다.

가까이에 군대가 있다고 했다. 나남羅南이라고 하는데, 얼마나 부대가 넓은지 겉으로 봐서는 가늠하기도 어렵다고 한다. 나남은 옛날부터 일본군대가 있던 곳이란다.

1932년 3월 만주출병을 마치고 나남 시내에서 행진하는 조선주둔 일본군 모습(만주사변출동 기념사진첩, 1932)

나남이 아니어도 북선에는 일본군대가 천지에 널려 있다고 한다. 경성鏡城, 흥남, 나진, 영흥, 함흥, 평양, 회령, 나남, 원산, 신의주, 해주, 겸이포, 사리원, 강계, 성진, 길주, 안주 … 모두 읊조리는 것도 숨이 찰 지경이다.

그런데 옷을 만드는 일은 쉽지 않다. 옷감부터 만들어야 한다. 옷감을 만들려면 실을 잣아야 한다. 실을 잣으려면 솜이나 삼이 있어야 한다. 이 복잡한 과정 중에서 먼저 실을 잣는 일을 한번 설명해보련다. 조면실과 방적실에서 하는 일이다.

먼저 솜을 들여와서 솜 안에 들어 있는 씨를 빼낸다. 그리고는 검불을 떼어낸 후 뭉친 솜을 한층씩 떼어내어 기계에 집어넣고 부풀린다. 이 일은 혼타면(混打綿, Blowing)이라고 한다.

이 일은 공장에서 가장 시끄럽고 더러운 먼지가 많이 나오는 일이다. 그리고 기계가 커서 운전하기도 힘들단다. 솜을 기계에 넣고 부풀릴 때 두세 가지 다른 솜을 넣어서 섞기도 하는데, 이 때에는 기술학교를 나온 남자 직공이 와서 잘 섞어야 한다. 그런데 남자직공의 수가 적으므로 소녀들에게 시키기도 한다.

이렇게 검불을 떼어내지만 그렇다고 모두 떼어낼 수 있는 것은 아니다. 목화의 나뭇잎도 있고, 여러 부스러기도 있다. 이런 것을 모두 떼어내고 실을 만들기 좋도록 엉클어진 솜을 평평하게 만들어 주는 과정이 있다. 소면(疎綿, Carding)이라고 부른다. 너비는 한 평반 이고, 높이가 4자 정도 되는 기계(소면기)에서 한다. 이 일도 기계를 사용하므로 위험하고 힘이 많이 들어간다.

여기까지는 조면실에서 하는 일이다. 일을 마치면 솜은 방적실로 옮겨간다.

그 다음으로는 나와 비슷하거나 나 보다 조금 어린 아이들이 하는 일인데, 소면기에서 나온 솜을 다시 기계에 넣고 엄지손가락 두께의 실 뭉치를 만든다. 기계를 쓰는데 소면기보다 작다. 한 1/4정도밖에 안 된다. 여공들은 돌아가는 기계를 보다가 실 뭉치가 끊어지면 이어준다. 이 일은 연조(練條, Drawing)라고 부른다.

연조 기계는 소면기보다 작지만 한 사람이 2, 3대를 담당해야 하므로 한시도 기계에서 눈을 뗄 수가 없고, 짧은 다리로 기계 사이를 왔다 갔다 해야 한다. 연조 기계를 통과한 실 뭉치를 정방기에 걸어서 실을 뽑을 수 있도록 해주는 일이 조방(粗紡, Roving)이다. 적당히 꼬아서 작은 틀에 넣고 감는 일인데, 소음이 많고 먼지가 많은데다가 기술이 있어야 한다. 들어온 지 오래된 언니들이 하는 일이다.

실을 잣는 일은 정방(精紡, Spinning)이라고 한다. 우리는 '세이보'라고 불렀다. 조방에서 넘어온 실 뭉치를 다시 기계(추)에 걸어서 꼬은 후 일정한 모양으로 감아주는 일이다. 나 같이 초보자들이나 나보다 더 어린 아이들이 하는 일이 바로 이 실을 잣는 일이다.

정방을 해서 나온 실은 다시 실의 쓰임새에 따라 꼬아주거나 합해주는데, 권사(捲絲, Winding), 합사(合絲, Doubling), 연사(撚絲, Twisting)라고 한다. 이 일도 모두 기계에 걸고 한다.

목화솜이 아닌 삼에서 실을 뽑는 경우에는 삼을 찐 후 씻어서 정방을 한다. 삼 씻는 일은 세이렌(精練)이라고 불렀는데, 가장 어린 아이들이 했다. 세이렌을 하는 어린 아이들은 뜨거운 솥에서 나온 삼을 씻느라 데이고 부르터서 늘 빨간 손을 하고 있다.

군복을 만들어라! 군복을!

우리 공장에서 만드는 옷은 군복이다. 그런데 실만 가지고는 군복을 만들 수 없다. 옷감을 짜야 한다. 나는 옷감을 짜 본 적이 없으므로 잘 모른다. 다만 기숙사 한방에 있는 언니들 중에 옷감 짜는 직포실에서 일하는 언니가 있어 들어서 아는 정도이다.

실은 날실과 씨실(위사, 緯絲)이 있다. 피륙을 짤 때 날실은 세로로 놓은 실이고 씨실은 가로로 놓는 실이다. 직포실에서 처음으로 하는 일은 날실(경사, 經絲, Warp yarn)을 만드는 정경(整經, Warping)이란다.

조면실에서 가져온 실을 기계에 집어넣고 그 끝을 기계의 다른 부위(빔)에다 놓고 페달을 밟아서 돌리는 일이다. 이 일은 힘이 많이 들어가니까 키가 큰 남자어른들이 해야 하지만 여자아이들에게 시키는 경우도 있다고 한다.

그리고는 날실에 노랗고 반죽이 된 풀을 먹여서 기계로 쳐서 강하게 만든단다. 호부(糊付, Sizing)라고 한다. 그래야 직기에 걸면 실에 힘이 있어서 피륙을 잘 짜낼 수 있다고 한다. 그런데 호부 기계는 정경 기계보다 더 크고 힘이 드는 일이란다. 거기다가 커다란 풀통도 옮기고 해야 하니 힘이 센 사람이 할 수 있는 일이라고 ….

이런 일들을 마치면 피륙을 짜는 제직(製織)에 들어간다. 직기에 씨실과 날실을 가로지르도록 걸어놓고 기계를 돌리는 일이다.

보통 한 사람이 직기 한두 대를 맡아서 짜는데 씨실이 끊어지는 일이 잦다고 한다. 씨실이 끊어지면 기계를 멈추고 북을 다시 걸어서 직기를 가동시킨단다. 제직은 공장에 들어온 지 오래 된 언니들이 하는 일이다. 나는 한 번도 해본 적이 없다.

이렇게 만든 피륙은 마감실(가공실)로 가서 표백과 염색, 기모起毛를 한 후 검사를 마치면 군복 만드는 방으로 넘긴다. 이 방에서 군복을 만드는 것이다.

그러니 군복을 만들려면 목화솜을 정리하는 일에서 시작하여 실을 잣고 피륙을 짜서 옷을 만들어야 한다. 솜이나 삼에서 시작하여 옷이 나오는 과정이다. 이 모든 일을 한 공장에서 하면 편리해서 제일 좋다. 그런데 그런 공장은 별로 없다고 한다. 저기 남쪽 전라남도 광주에 있는 가네보(鐘紡). 가네가후치(실업 소속) 공장이나 같이 있었을 뿐, 나머지 공장은 조면실이나 직포실이 멀리 떨어져 있었단다.

부산에 있는 조선방직과 같이 방적공장과 직포공장이 떨어져 있어도 공장이 같은 지역에 있으면 다행이다. 그런데 경성방직은 영등포에는 직포공장을, 시흥에 방적공장을, 황해도 은율과 남천에 조면공장을 두고는 황해도에서 솜을 실고 와서 시흥에서 실을 만들어서 영등포에서 군복을 만들었다고 한다.

내가 있던 다이니치보 공장도 조면실이나 직포실이 한 공장에 있지는 않았지만 그렇다고 아주 멀리 떨어진 것은 아니었다. 그래서 옆 공장에서 남자직공들이 펄펄 끓는 고치를 들어다 주면 여자아이들이 실을 잣을 수 있었고, 다시 옆 공장에서 군복을 만들 수 있었다.

실을 뽑는 소녀들
(『사진으로 보는 독립운동 하』, 서문당, 1987, 109쪽)

∷ 감독의 채찍에 돋아가 버린 매정한 와쿠

    나는 기계로 물레 돌리는 일을 했다. 그런데 가는 실을 잣는 일은 아니었다. 초벌 실을 만드는 일이다. 권사나 합사, 연사 등 가는 실을 잣는 것은 공장에 들어온 지 오래된 언니들이 했다. 기술이 있어야 했으니까 ….

    세이렌을 맡으면 늘 뜨거운 고치를 만져야 하니 손이 데이고 벌겋게 부르터 있다. 다행히 나는 세이렌이 아닌 정방, 세이보를 했다. 세이보는 쉽게 말해서 와쿠라고 부르는 작은 물레(주)로 실을 돌려주는 일이다. 세이보는 기계의 높이가 낮아서 나와 같이 나이가 어린 아이들이 할 수 있는 일이다.

    실을 켜려면 먼저 남자 직공들이 갖다 주는 초벌 삶은 고치를 펄펄 끓는 가마 속에 들이 붓고 조그만 비로 돌아가며 꾹꾹 눌러준다. 그러면 실 끝이 비에 묻어 나온다. 처음에 나쁜 실 끝은 비로 끌어내려 가마 좌우에 꽂힌 못에 걸어놓고 다시 비를 넣어 제대로 된 실 끝을 올린다. 그 다음에 실 끝을 왼손에 걸어 쥐고 오른 손으로 하나씩 끌어올려 사기 바늘에 붙인다. 그러면 실이 술술 풀려 올라온다.

이렇게 하노라면 펄펄 끓는 가마 속을 들여다보고 있어야 하니 얼굴이 벌게지고 손도 물에 불어서 허옇게 되기도 한다. 이런 식으로 여러 개의 와쿠를 만들고 잘 돌아가도록 하는 것이 나의 일이다.

공장 일은 하루 두 번 교대를 한다. 하루 일을 마치면 와쿠를 뽑아서 통에 담고는 기계 청소를 해야 한다. 교대로 들어온 사람도 일을 마치면 해야 한다. 솔을 들고 가마를 닦은 후 낡은 물을 빼고 새물이 들어오도록 준비한다.

그런데 기계는 청소를 하는 동안에도 멈추지 않는다. 이놈의 기계는 24시간 멈추지 않는다. 실이 끊어지면 실을 잇기 위해 잠시 멈출 뿐 ….

더구나 정방을 하는 방은 창문도 열지 않아서 바람도 통하지 않고 매우 덥고 습하다. 나는 처음 공장에 들어와서 따뜻하다고 좋아했다. 그러나 조금 지나서 좋아할 일이 아니었음을 알게 되었다.

공장안은 숨이 막힐 정도로 답답하다. 실내가 건조하면 실이 끊어지기 쉽다고 해서 천장에 설치되어 있는 분무장치로 계속 물을 뿌리게 되어 있었다. 그리고 온도도 섭씨 30도 이상이었다.

우리는 머리에 수건을 쓰고 위에서 아래까지 검은 통옷을 입고 있으니 더 덥다. 머리에 수건을 씌우는 이유는 머리카락이 기계에 끼지 않도록 하는 것이란다. 예전에 어느 아이가 머리카락이 와쿠에 끼여서 죽은 적이 있단다. 검은 통옷도 마찬가지다. 옷이 기계에 끼지 않도록 입히는 것인데, 검은 색이라서 더 더운 것 같다.

실의 빛깔이 고우라고 해가 들어오지 않게 창문을 봉해두어서 햇빛을 볼 일이 없었다. 더구나 바람이 불면 실이 끊어진다고 하니 일 년 열 두 달 바람이라고는 구경할 수 없었다. 삼복더위에 들어섰는데도 창문을 열지 않으니 작업장 안에는 열기가 가득하다. 게다가 사람들 사이의 온도까지 합쳐지니 온천에 들어온 것 이상이다. 그래서 폐병이라는 모진 병에 걸리는 일이 많다는 말인게지 ….

병은 그 뿐만이 아니다. 오래 있었던 언니들 이야기를 들으면, 땀띠나 부스럼 같은 피부병도 떠나지 않고 하루 종일 서서 일하다보니 각기병에 걸리기도 한다는 것이다. 그래서 옛날부터 방적공장이라고 하면, '공장 감옥소'라느니 '공장 지옥'이라느니 '폐병 걸리는 곳'이라느니 하는 소리가 많았다고 한다.

그러고 보니, 공장 내에서는 늘 기침소리가 떠나지 않았다. 나는 아직 그런 병에 걸린 것 같지는 않은데, 계속 있으면 병에 걸릴지도 모르겠다. 그러고 보면 내가 참 못 올 곳을 온 모양이다.

세이보는 어찌 보면 일은 단순해보이지만 한 사람이 여러 개의 와쿠를 돌려야 하니 나로서는 여간 어려운 것이 아니다. 처음에는 서너 개에서 시작을 하지만 조금 익숙해지니 와쿠의 수가 백 개로 늘어났다. 조금 지나면 더 늘어난다고 한다. 팽팽 돌아가는 와쿠 백 개를 바라보노라면 내 눈이 돌아가는 것만 같다. 그리고 실은 왜 이리 자주 끊어지는지. 하루 종일 와쿠 사이를 뛰어

다니노라면, 땀이 가실 날이 없다.

 그뿐이 아니다. 와쿠 하나에서 실이 한 올씩 나오게 되는데 실이 끊어질 경우 재빨리 뛰어가서 이어주어야 한다. 실을 이으려면 발판을 꾹 눌러 기계를 멈춘 후 손 빠르게 실 끝을 쥐고 끊어진 실과 실을 비벼서 이어주어야 한다.

 그런데 그 순간에 어디 숨어 있었는지 갑자기 감독이 나타나더니 손에 들었던 채찍으로 와쿠를 돌려버려서 기계가 돌아가도록 한 적도 있다. 와쿠가 계속 돌아가면 실을 잇지 못하지만 감독의 눈이 무서우니 돌아가는 와쿠를 쳐다보며 실 끝을 찾아야 했다.

 나는 돌아가는 와쿠를 보며 실 끝을 찾으려 하고, 감독은 소리를 지르며 채찍으로 내 목덜미를 계속 내리쳤다. 일본어로 하는 소리이지만 알아들을 수는 있었다.

 "도대체 무슨 정신으로 일을 하는 거야. 실이나 끊어먹고. 이 실이 얼마나 중요한지 몰라서 하는 짓이냐. 성의가 없이 일을 하니 이렇게 되는 게 아닌가 말이다. 이러고도 천황폐하의 은덕을 입은 산업전사라는 게냐."

 갑자기 주체할 수 없이 눈물이 흘렀다. 눈물이 뚝뚝 떨어져 실 끝을 찾기 어렵지만 주먹으로 훔치면서 계속 찾고 있으니 감독이 기계를 멈추어준다. 간신히 실 끝을 찾아 잇고 나니 목덜미가 아프기도 하지만 서럽고 분해서 흐르는 눈물이 멈추지 않았다.

"똑바로 서거라. 도대체 뭘 잘했다고 우는 게냐. 그런 흐트러진 정신 상태로 우리 황군皇軍의 제복을 만들고 있단 말이냐? 불경不敬스럽고도 한심스러운 일이다. 또 다시 정신줄을 놓고 있다간 경을 칠 줄 알아라! 너희 모두 명심하라!"

감독은 큰소리를 지르더니 기계를 작동시키고는 아직도 분이 덜 풀린 듯 채찍을 자기 손바닥에 힘껏 내리치며 나갔다.

시도 때도 없는 손찌검

내 나이 겨우 열둘이다.

이 일을 시작한지 이제 겨우 너 댓 달이 지났을 뿐이다.

그리고 석유 냄새가 나고 풀 같이 힘없는 안남미를 먹으며 하루에 열 두 시간도 넘게 일을 한다.

일을 하다보면 실이 끊어질 수도 있다. 내가 끊은 것이 아니다. 실이 굵기가 다르니 끊어지는 것이다. 굵기를 맞추는 것은 내 다음에 일하는 언니들이 하는 일이다. 그러니 내 탓이 아니다.

끊어진 실은 이으면 된다. 실을 버리는 것이 아니다. 그런데 내가 왜 한심스러운 아이란 말인가. 왜 목덜미에 피가 맺히도록 맞아야 하는가.

더구나 나는 내가 원해서 온 것이 아니다. 우리 부모님이 떠나보낸 것도 아니다. 어른들은 '다시 없는 좋은 기회'라고, '나도 딸이 있었으면 보냈을 터인데, 참 아쉽다'면서 나를 기차에 태울 때는 언제이고, 지금에 와서 구박이 이리도 자심한가.

물론 이런 일은 나만 겪는 일이 아니다. 특히 내 또래나 나보다 어린 아이들은 감독들의 채찍을 곧잘 맞았다. 어리다보니 실수가 잦을 수밖에 없고, 감독들은 실수가 잦다고 더 자주 때리는 것이다. 그래도 채찍으로 목이나 몸을 때리는 것보다 손으로 뺨을 때리는 것은 더 고통스럽다. 감독의 큰손으로 이 작은 얼굴을 때리면 머리통까지 같이 흔들리고 이가 빠질 지경이다.

이런 손찌검은 언니들이 이전부터 늘 겪었던 일이라고 한다. 이 정도는 약과라고 하기도 한다.

충청남도 유성에서 온 천석이 언니는 잘못 맞아서 한쪽 귀의 고막이 나갔다. 그래서 한쪽 귀는 듣지 못한다. 그렇게 된지 몇 해 되었지만 지금도 집에 가지 못하고 일을 하고 있다. 한쪽 귀가 먹은 정도로는 공장을 나갈 수 없단다.

징용이어서 다행이라고

이런 손찌검은 공장이 군수공장이 된 후에는 좀 덜해졌다고 한다. 올 초에 다이니치보가 군수회사로 지정되기 전에는 더 심했다는 이야기다.

지금은 탈출하다가 잡혀서 때려도 며칠 지나면 일을 할 수 있을 정도로 때린다. 그러나 이전에는 아주 운신을 못하게 만들었다고 한다. 감독들이 돌아가며 못된 짓을 한 다음에 창기娼妓집에 팔아버리기도 하고 …. 말할 수 없이 못되게 굴었단다.

그런데 지금은 그렇게 못한다고 한다. 공장에서 일하는 아이들이 나이가 어리든 나이가 들었든, 여자이든 남자이든 모두 징용으로 되었기 때문에 그렇게 하면 걸린단다. 모두 국가를 위해 일을 하는 것이고, 국가가 보답을 해 주는 사람들이어서 심하게 대하면 안 된다고 ….

회사 노무나 감독들은 '군수회사 지정이 무엇인데 아이들한테 마음대로 손도 못하게 하냐'고 불평을 하기도 했단다. 그런데 언니들 이야기를 들으면 군수회사로 지정되는 것은 엄청 중요하단다. 그래서 회사에서는 군수회사로 지정되려고 경성의 높은 양반들에게 줄도 서고 돈도 쓰고들 했단다.

지금은 공장을 돌리려 해도 원료가 부족하고 배급을 안 주면 직공들 밥 먹이는 것도 힘들고 전기도 마음대로 쓰기 어려운 시절이다. 게다가 어렵게 만든 물건을 팔기도 어려워서 회사 사장은 어려움이 이만 저만이 아니란다.

그런데 군수회사가 되면, 나라에서 솜이나 삼 등 원료는 물론이고 직공들 식량도 넉넉히 대주고, 전기도 제대로 대준단다. 그리고 만든 물건은 나라에서 돈을 주고 사가니 걱정이 없단다. 그것도 물건 값을 잘 쳐주니 회사는 돈을 많이 벌게 되어 입이 함박 벌어질 수밖에 없다고 ….

더군다나 직공들이 모두 '징용'으로 바뀌니, 월급 줄 걱정을 안 해도 되고 일을 더 오래 많이 시켜도 누가 뭐라고 하는 사람이 없다. 이렇게 좋으니 어찌 사장님들이 군수회사로 지정되는 것을 좋아하지 않겠는가.

물론 사장님들이 아무리 군수회사가 되려고 해도 아무나 할 수 있는 게 아니란다. 공장이 전쟁에 필요한 물자를 생산하는 곳이어야 한단다. 광산도 있고, 용광로를 만드는 공장도 있고, 우리 공장과 같이 군복을 만드는 곳도 있다. 이런 공장이 조선 팔도에 수 백 개나 된다고 한다. 우리 공장에는 군인이 없지만 군인들이 지키는 곳도 있다고 ….

그런데 나라에서는 왜 회사에게 원료도 대주고 전기도 대주고, 직공들 식량까지 대주며 군수회사로 지정하는가.

언니들은 나라에서 무슨 이득이 나니까 그렇게 해주는 것 아니냐고들 한다.

당연히 그럴 것이다. 세상에 공짜가 어디 있는가. 고향에 있을 때 우리 할아버지가 늘 말씀하셨다. '세상에는 공짜가 없다고. 누가 무엇을 줄 때에는 다 이유가 있는 것이라고. 그러니 날름날름 받아먹으면 안 된다고.'

나는 어려서 그 이유를 모르지만 나중에는 알게 될 것이다.

그나저나 우리 공장이 군수회사로 지정된 후 손찌검이 줄었고, 안남미라도 제대로 먹게 되었다니 우리 같은 아이들이야 그저 감지덕지 할 뿐이다.

공습이다!

사이렌 소리가 울린다. 공습이다!

한참 일하던 중에 공습이다. 갑자기 공장이 부산해진다. 감독들이 방공호로 대피하라고 소리를 지른다.

나는 얼른 기계를 멈추고, 동무들과 방공호로 뛰어갔다. 이곳에서 이런 일은 처음이 아니다. 자주 있는 일이다.

고향에 있을 때는 어른들이 방공 훈련 받으러 간다고 나가는 적은 있었지만 그것이 무엇인지도 몰랐다. 미국 비행기가 날아오는 적도 없고 늘 평온했다.

그런데 청진에 오니 달랐다. 시도 때도 없이 공습 사이렌이 울린다. "적기가 온다!" "B-29다!"고 사방에서 소리를 친다. 미국 비행기가 온다는 것이다.

공습 사이렌이 불지 않아도 늘 방공 훈련을 받았다. 방공호에 뛰어 가는 연습, 줄줄이 서서 물통을 나르는 연습을 했다. 주로 일을 쉬는 비번非番일 때 훈련을 받는다.

등화관제燈火管制라고 해서 불을 끄고 실내에서 조용히 있는 훈련을 한 적도 있다. 등화관제는 비번이든 아니든 모든 공장이 한꺼번에 하는데, 밤에 한다. 근무 중일 때에는 기계를 멈추고 공장 바닥에 앉아서 해제경보가 날 때까지 기다린다.

등화관제를 하는 이유는 캄캄해서 미국 비행기가 우리 공장을 찾을 수 없도록 하려는 것이란다. 등화관제는 자주 하는 훈련은 아니지만 그 시간에 근무 중이면 일을 하지 않아도 되어서 참 좋았다.

방공훈련을 여러 번 하기도 하지만 공습경보도 자주 울린다. 실제로 미국 비행기가 자주 온다는 말이다. 공습경보가 울리면 감독이나 노무는 평소보다 더 소리를 지른다.

"이년들이 왜 빨리 빨리 움직이지 않는 게냐? 혹여 너희들이 백인들 간첩이냐? 그러다 사고라도 나면 내가 경을 치는데, 누구에게 책임을 씌우려고 그러는 게냐?"며 억지소리를 하고 채찍이나 곤봉을 마구 휘두르곤 했다.

마치 우리에게 화풀이를 하는 것 같았다. 우리가 미국 비행기를 부르는 것도 아닌데, 왜 저러는지 모를 일이다. 아무튼 한대라도 맞으면 우리 손해이므로 우리는 시키는 대로 고분고분 따르곤 할 뿐.

　미국 비행기가 오면 제일 먼저 하는 일은 기계를 멈추고, 전기를 끄는 일이다. 불이 날지 모르기 때문이란다.

　그리고는 감독의 지시에 따라 공장 운동장에 있는 방공호防空壕로 간다. 이때 비로소 우리는 공장을 벗어나 마당 구경을 할 수 있다.

　방공호로 가면서 얼핏 보면 운동장에는 정구장도 있고, 잔디밭도 있다. 그런데 우리는 평소에 구경도 하기 어렵다. 운동장은 일본 사람들 차지이기 때문이다. 이렇게 공습이나 있어야 운동장 구경이나 한다.

　운동장 구경도 잠시. 방공호에 들어가면 입구를 닫아버리므로 암흑천지이다. 더구나 방공호는 좁다. 어깨를 맞대고 쭈그리고 앉아 있다가 공습해제 사이렌이 울리면 감독들이 문을 열어주고 공장으로 돌아가라고 한다.

　처음에 방공호에 들어갈 때에는 겁도 많이 났다. 이러다가 가족도 못 만나고 죽는 것이 아닌가 하는 생각에 눈물도 흘렸다. 그런데 언니들은 희희낙락이었다. 방공호로 뛰어오면서도 '미국 비행기가 와야 우리가 일을 좀 쉰다. 계속 오면 좋겠네.'라고 소곤거리기까지 했다. 나도 하도 자주 방공호에 들어오니 이제는 아무렇지도 않다.

　그런데 오늘은 다르다. 밖에서 벼락 같은 소리가 들린다. 내가 태어나서 이렇게 큰 벼락 떨어지는 소리는 처음 들어본다. 그것도 한번이 아니고 계속 들렸다. 이러다가 세상이 멈추는 것 아닌가 하는 생각이 들 정도로 소리가 크다. 무섭다. 점점 더 무섭다. 평상시에 헤헤거리던 언니들이 "엄마야!"하며 무섭다고 울음소리를 낸다.

감독들은 "이년들이 죽고 싶어서 환장했느냐! 입 다물어라! 소리를 내면 다 죽는단 말이다. 나쁜 년들!"하며 더 큰 소리를 지르고 어둠 속에서 곤봉과 채찍을 마구 휘둘렀다.

순식간에 방공호안의 울음소리는 사라졌다. 곤봉과 채찍 휘두르는 소리도 멈췄다. 쥐죽은 듯 조용하다. 훌쩍거리는 소리도 들리지 않는다. 잠시 후 해제解除 사이렌이 울렸다.

불타는 공장, 눈앞에 펼쳐진 고향 우리 집

"불이야!"

감독이 문을 열어주어 방공호문을 나서니 밖이 온통 불덩어리다. 공장 여기저기가 모두 불에 타고 있다. 조면공장도 불이 붙었고, 우리가 일하던 방적공장도 불길이 이글거린다. 운동장의 잔디밭도 바작바작 소리를 내며 타고 있다. 사방이 열기로 화끈거리고 있다.

이게 웬일인가! 아까 들렸던 벼락 같은 소리가 바로 우리 공장에 떨어진 포탄이었구나.

"빨리 빨리 움직여라. 불이 보이지 않느냐! 물 바께츠[양동이]를 가지고 와!"

감독들과 노무들이 소리를 지르며 뛰어다닌다. 일단 내가 일하던 방적공장으로 뛰어 갔다. 간간히 동료들도 보인다. 방공훈련을 받은 대로 해야 하는데, 어찌해야할지 잘 모르겠다. 어디에 먼저 물을 끼얹어야 할지 가르쳐 주는 이도 없다. 다들 우왕좌왕하며 물통을 들고 줄을 지어서 나르고, 마대를 가지고 와서 잔불에 대고 비비는 등, 그야말로 아수라장이다.

그런데 방공훈련 받은 대로 해서는 꺼질 불이 아닐 성 싶다. 아무리 물통의 물을 퍼부어도 불덩어리에는 미치지도 못한다. 우리가 나르는 작은 물통이 아니라 한꺼번에 우물물 하나 정도의 물은 퍼부어야 할 것 같다.

"아이고 우야꼬! 공장 다 타네. 내 와쿠 어데서 찾을꼬."
"무신 불이 저러코롬 세다냐? 이라다가 우리가 다 타죽겄시라이."

다들 한마디씩 하면서 연신 물통은 나르지만 눈은 불타는 공장에서 떼지를 못한다. 나도 연신 물통은 나르지만 정신이 없다. 아! 공장이 없어지고 있다. 나는 어떻게 되는 것인가. 이 불구덩이 속에서 나는 살아서 집으로 갈 수 있나! 아니면 이 참에 도망을 가버릴까!

생각에 생각이 꼬리를 문다. 그러다가 물통을 놓쳤다. 떨어진 물통이 저만큼 굴러간다. 물통을 집으러 걸음을 옮겼다.

"악!"

누군가 억센 손이 내 뒷머리를 후려치더니 머리채를 잡고 바닥에 팽개친다. 그 통에 나는 물이 질퍽한 바닥에 나뒹굴어졌다. 감독이다.

"이년, 이 나쁜 년, 무슨 생각을 하고 있었길래 바께츠를 놓치느냐. 이 물이 얼마나 귀한 줄 모르느냐? 나쁜 년, 네가 평소에 하던 버르장머리를 하는구나."

감독의 발이 사정없이 나를 걷어찬다. 나는 머리카락을 감싸 안고 몸을 둥글게 말아 발길질이 얼굴에 닿지 않도록 했다.

"당장 일어나서 바께츠 집어오지 못하느냐? 빨리 물을 채워서 나르란 말이다. 저 불이 보이지도 않느냐!"

나에게 있는 대로 화풀이를 한 감독이 한마디 하더니 정신없이 저쪽으로 뛰어간다. 나는 한손으로는 발길에 채어 아픈 옆구리를 쥐고 다른 한손으로는 머리카락을 감싸 안고 일어섰다.

어질어질하다. 얻어맞은 뒤통수도 아프다. 쏟아지는 눈물에 앞이 잘 보이지 않는다. 온몸은 흙탕물 투성이고, 얼굴에는 산발한 머리카락이 눈물과 콧물에 뒤범벅되어 붙어 있다. 동무들은 감독이 다시 나타날까봐 겁이 나서 나를 부축하기는커녕 눈길도 주지 못한다.

나는 눈물과 콧물을 훌쩍이며 저만치 굴러간 물통을 집어 들고 물을 채우러 뛰어나갔다. 끝없이 긴 물통 줄의 끝으로 찾아갔다. 그런데 우물이 어디 있는지 알 수 없다. 우물이 보이지 않는다.

고개를 들어 두리번거리다 보니 환하게 열린 회사 정문이 보인다. 문이 열려 있다. 늘 굳게 잠겨 있던 문이 열려 있다.

이게 웬일인가.

서 너 달 전, 내가 들어온 이후 신사에 갈 때를 빼놓고는 한 번도 나가보지 못한 문이다. 그 문이 이 난리통에 열려 있다.

회사 정문 밖에 어머니가 보인다. 언니도 있고, 오빠도 있다. 시골의 우리 집이 보인다.

"어무이!"

내가 찾아야 곳은 우물이 아니다. 우리 집이다.

그래, 우리 집이 있었지.

나에게도 고향집이 있었어. 내 가족이 있는 고향의 우리 집이….

나는 손에 든 물통을 던지고 문 쪽으로 걸음을 옮겼다. 나도 모르게 회사 정문으로 내달았다. 아무도 나를 부르지 않는다. 감독의 쫓는 발걸음소리도 들리지 않는다. 조금 전까지 시끄러웠던 공장의 아우성 소리도 들리지 않는다. 아무 소리도 들리지 않는다.

아무 것도 보이지 않는다. 오직 내 눈 앞에 펼쳐지는 회사 정문 밖의 시골 집이 보일 뿐이다.

머리카락은 산발을 하고 흙탕물로 범벅이 된 작업복을 입은 채 나는 우리 집으로 달려간다. 그리운 나의 집으로 간다.

집으로...

집으로..!!

세 번째 이야기

그저 햇살을
기다리고만 있지 않으련다

나는 소녀입니다

나는 소녀입니다.

아지랑이 피어오르는 봄날, 나물 캔다는 핑계로 들녘에 나가 동무들끼리 노닥거리는 것이 더 좋은 여자아이입니다.

강아지풀을 엮어 작은 신발도 만들고, 반지도 만들고, 아카시아 열매 따 먹으며 배 채우는 것이 더 좋은 아이입니다.

어쩌다 한 번씩 어머니에게 등짝을 얻어맞기도 하고, 어른들 틈에 끼어서 힘든 밭일을 해야 할 때도 있지요.

하루 삼시 세끼를 모두 챙겨먹지 못하고 뚫어진 버선코로 나오는 엄지발가락이 창피할 때도 있으며, 추석빔 하나 못 얻어 입지만 그래도 언니랑 어머니랑 같이 사는 게 좋은 아이입니다.

나중에 크면 다른 집으로 시집을 가야한다고 하지만 그거야 나중 일이라고, 지금부터 생각할 필요 없다고 합니다.

그런데 어려서 아무 걱정이 없을 것 같은 나 같은 아이가 그저 마음 편히 지낼 수 있는 시절이 아니군요. 왜 그러냐고요? 어른들의 한숨소리가 그치질 않아서요. 덩달아 내 마음도 편치 않지요.

온통 산으로 둘러싸인 우리 마을은 먹고 살기 어려운 곳이라고들 합니다. 농사지을 땅도 마땅치 않고, 밭떼기나 쳐서는 입에 풀칠하기도 어렵다고요.

게다가 수해나 한발이라도 나버리면 생목숨을 내려놓아야 할 정도로 심각

하다고 합니다. 그런데 한발이 너무 자주 일어난다고 하네요.

  왜 이렇게 하늘이 가물까요. 내가 태어난 이후에도 걸핏하면 한발이 닥쳤습니다.

  어른들은 '하늘이 하는 일을 우리 같이 힘없는 농민들이 어찌 하겠냐'고 한탄할 뿐입니다. 참 답답하지요. 아무 힘도 방법도 없다고 하니까요.

  그런데 정말 방법이 없나요? 우리는 그저 하늘만 쳐다보며 살아야 하는 것인가요? 비가 오지 않아도 어디서 물을 끌어올 수는 없나요? 맨날 세금 걷으러 다니는 면의 어른들은 이런 일은 해결해주지 않나요? 원래 세금내면 백성들 마음 편하게 살 수 있도록 해주는 거라고 하던데요. 그런데 왜 우리 마을 사람들은 세금을 내면서 마음이 편하지 않나요?

세 번째 이야기 ● 115

더구나 어렵게 농사를 지어도 모두 공출을 하고, 배급을 받아서 생활을 합니다. 먹는 것이나 입는 것이나 모두 배급을 받지요. 식구수대로 살 수 있는 물품이 지정되어 나옵니다. 집집마다 작은 배급통장이 있어서 그것을 가져가야 물건을 살 수 있어요. 곡식은 물론이고 속옷이나 이런 것도 배급 지정받은 숫자에 맞추어 살 수 있지요. 설탕 같은 것은 귀해서 우리 조선 사람은 구경도 못한다고 하네요.

참 살기 어렵지요. 하루 종일 육신을 움직이며 일을 하지만 하루 세끼 밥 먹는 것이 어렵다는 어른들 이야기를 귀동냥하며 드는 생각입니다.

나는 방적공장의 꼬맹이입니다

물론 모든 인간이 아무 걱정 없이 살 수는 없지만 가족과 같이 살 수는 있지요. 그런데 다들 그렇게 살 수 있는 것은 아니랍니다. 바로 내가 그런 경우입니다.

나는 올 봄에 집을 떠나 먼 곳에 있는 방적공장에 들어왔습니다. 집을 떠나 공장에 도착하는 데만 해도 하루 이상 걸렸으니 먼 곳이지요. 그런데 여기가 어디인지는 모릅니다. 그냥 '도양공장'이라고만 알고 있습니다.

'도양공장'이 아니라 '동양공장'이라고요?

아! 동양공장이네요.

동양공장이 아니라 '동양방적 인천공장'이라고요?

네. 동양방적 회사라네요. 인천공장이라니 인천에 있다는 소리군요. 우리 집이 저 남쪽이니 멀리도 왔네요.

이곳은 면화를 짜는 광목공장입니다. 군인들이 쓰는 목면을 만드는 곳입니다. 그런데 종류가 많습니다. 겉옷만 해도 아주 두꺼운 겉옷도 있고, 보통 두께의 겉옷도 있어요. 바지도 여러 종류입니다. 그런데 색깔은 모두 같아요. 푸르스름한 색입니다. 하기야 군인아저씨들이 전쟁하느라 빨래를 자주하기 어려울 터이니 연한 색은 어렵겠지요.

공장에 들어와 보니 내가 제일 어리네요. 나보다 더 어린 아이는 없나 봅니다. 내가 올해 집 나이로 열 살이니 만 나이로는 아홉 살이 좀 못되었지요. 그러다보니 내가 공장에서는 막내, 꼬맹이예요.

그러나 꼬맹이라도 밥값은 합니다. 너무 어리다고 해서 기곗일은 못하지만 공장에서 여러 허드렛 일은 다 하지요. 아무리 발판에 올라선다 해도 기곗일을 하려면 나보다는 조금 키가 크고 손도 커야 한다고 하네요. 그래야 기계 작동도 할 수 있고 실도 안 끊어 먹는 가 봅니다. 솜에서 씨도 빼고 솜 만들어서 나르지요. 솜털을 걷는 손수레를 끌고 다니며 운반합니다.

내가 꼬맹이지만 여러 가지 일을 하지요. 그런데 이것만이 아닙니다. 비록 기계를 직접 다루지는 못하지만 기계에 먼지를 터는 일도 하고, '아부라사시'라고 해서 기계에 기름을 치는 일도 합니다. 솜이 들어오지 않을 때는 누에고치 말리는 일도 합니다.

내가 가장 어리지만 이렇게 늘 몸을 빠르게 움직이니 언니들이 예뻐합니다. 가끔 정다운 말도 해주고 걱정도 해주고 합니다. 물론 근무 중에는 언니들과 이야기할 시간이 없지요. 그러나 기숙사 같은 방 언니들과는 잠시나마 이야기할 시간이 있어요. 잠자리에 들기 직전이나 일 나가느라 복도를 걸으면서 몇 마디 나누는 것이지요.

그런데 언니들도 모두 봄에 집을 떠났다고 하더군요. 참 신기하지요. 왜 모두들 봄에 공장에 들어왔을까요? 공장에서 일 부리는 사람들이 여러 걸음하기 싫어서 한 철에만 아이들을 데려왔나요? 아니면 봄이 되면 먹을 것이 궁색하니 입 하나라도 덜고 싶은 부모님들 마음을 움직이기 쉬워서 그런가요?

우리도 사람인데요

나 같은 꼬맹이나 실을 짜는 언니들이나 할 것 없이 우리는 모두 공장에서 열심히 일을 합니다. 하루 두 번씩 당번을 바꿔가며 낮이고 밤이고 공장 불빛 아래에서 일을 합니다.

이렇게 열심히 일을 하면 상을 줘야 하는 거, 아닌가요? 조회에서 훈시를 들을 때에는 '나라를 위해 열심히 일을 하면 나중에 좋은 상을 받게 될 것'이라고 하는데, 그 '나중'이 언제 돌아오는지 모르겠네요. 지금 우리가 받는 것은 상이 아니라 욕설과 손찌검이니 말입니다.

'선생님'들은 뭐 하나 가르쳐주는 것도 없이 왜 그리 소리를 지르고 때리는지 모르겠어요. 알아듣지도 못하는 말을 하고는 못 알아듣는다고 그 큰 손으로 얼굴을 때리고, '실가락'으로 머리도 때리고 하냐고요. 하도 맞아서 아주

머리통이 말랑말랑해졌어요.

　누군가 졸다가 걸리기라도 하면 공장 전체가 쩌렁쩌렁 울리게 큰 소리가 나지요. 사실 우리 같은 아이들이 하루 종일 서서 일을 하면 졸리지 않을 수 없지요. 언니들이 아무리 나이가 많아도 나보다 경우 한두 살 많을 정도인 것을요. 더구나 일부러 조는 것이 아니라 저절로 눈이 감겨요. 밥 먹는 것보다 잠이 더 고플 때가 많아요.

　그런데 '선생님'들은 이런 우리에게 벼락같이 소리를 지르고 손찌검을 한다고요. 그나마 손으로 때리는 것은 양반입니다. 고치 돌리는데 쓰는 '실가락'으로 눈을 찔러서 애꾸눈이 된 언니도 있고요. 쇠뭉치에 머리를 얻어맞은 언니도 있어요.

　말이 나온 김에 조금 더 해보면, 기숙사라는 것도 우리 시골집 보다 훨씬 못해요. 그래도 우리 시골집은 초가집에 방이 한 칸 밖에 없어서 그렇지 방 안에 쥐가 들어오지는 않았어요. 그런데 여기서는 쥐가 들어와서 발뒤꿈치를 갉아 먹을 때도 있다고요. 우리는 너무 피곤해서 쥐가 무슨 짓을 해도 모르고 잘 때가 많지만 늘 모르지는 않지요.

　더구나 바람도 햇빛도 볼 수 없다는 것이 힘이 들어요. 우리는 대부분 너른 들판과 산이 있는 시골에서 왔는데요. 공장 생활은 징역살이예요. 공장 안은 실이 끊어지지 말라고 창문을 열지 않으니 바람구경을 할 수 없고요. 기숙사에서 식당, 공장이 모두 복도로 연결되어 있어서 바깥구경을 할 수가 없어요. 일단 공장 안에 발을 내딛은 순간부터 우리는 감옥에 갇힌 것이나 다름없지요.

바람이나 햇빛을 보지 않는다고 대수냐고요? 네. 대수입니다. 큰일이고 말고요. 병에 많이 시달리니까요. 우리들이 겪는 병은 폐병이 가장 많고, 피부병이 그 다음으로 많아요. 먼지가 가득한 공장에서 일을 하니 이런 병에 걸린다고 합니다. 각기병도 많군요. 몸이 퉁퉁 부어오르다가 목숨을 잃기도 한답니다. 이질, 장질부사에 걸리는 언니들도 있어요. 일은 힘들고, 먹는 것도 부실한데 거기에 바람과 햇빛 구경을 못하니 몸이 더욱 쇠약해져서 걸리는 병이라네요.

그저 참고 있으라고 할 밖에요

내가 공장에 들어온 지 이제 한 해가 넘었습니다. 한 해가 지나 나이를 한 살 더 먹었으니 키가 크고 성장한 것이 아니라 오히려 그 반대입니다. 올해 들어서는 가끔씩 얼굴이 가렵고 부어오르기도 하네요. 옆의 언니가 기침을 하니 나도 기침을 하게 되고요. 이러다가 나도 심한 병에 걸리는 것이 아닌가 하는 걱정이 됩니다.

우리네 신세가 일단 공장에 들어오면 죽을 만치 되기 전에는 일을 쉬지 못하고 집에 갈 수도 없습니다. 장질부사에 걸려서 열이 펄펄 난 언니가 있었는데, 방에 소독약만 뿌려댈 뿐, 병원에 데려가지 않았고 집에 보내지도 않았어요. 공장에서는 아마 '그러다가 죽으면 죽고 살면 사는 거고…' 그런 마음이었던 것 같아요. 그 언니는 다행히 목숨은 건졌지만 귀가 멀고 머리가 빠져버렸어요.

　물론 개중에는 그렇게 되기 전에 나가는 언니들도 있습니다. 부모님들이 와서 '선생님들'과 뭐라고 이야기를 한 후에 조용히 짐을 챙겨서 나가는 언니들도 있어요. 무슨 이야기를 하는지는 우리도 모릅니다. 아주 특별한 일이 있나봅니다.

　이런 특별한 경우가 아니면 우리는 이곳을 빠져나가지 못하는 것인가요. 기계에 팔이 끼어서 한쪽 팔만 남은 언니도 일을 하고 있고요. '실가락'에 눈이 찔려서 애꾸가 된 언니도 일을 하고 있어요. 이러다가 이 공장에서 귀신이 될지도 모른다는 생각을 하면 끔찍합니다. 무슨 방법이 없을까요?

　언니들은 뾰족한 방법이 없다고 합니다. 이 높은 공장 담을 넘는 것 외에는…. 그러나 그것도 쉽지 않습니다. 이미 탈출을 시도했다가 잡혀 와 모진 일을 당한 언니들이 있지요. 기숙사 옆방에서 언니들 6명이 탈출을 한 적이 있어요. 담장 밑에서 다른 언니가 대준 허리를 밟고 담을 넘어갔지요.

　다음날 아침 조회 시간에 인원점검을 하다가 발각이 나서 그 일로 기숙사가 발칵 뒤집어졌었어요. 그 방에 남은 언니들은 '선생님'들에게 끌려가 치도곤을 당하고, 허리를 대준 언니는 이미 허리를 다쳐서 운신도 어려웠고요. 우리도 조용하지는 않았지요. 기숙사 전체를 다 뒤지고 관련자를 찾는다고 한 고향 언니들도 다 불려가고 했답니다. 그런데 그나마 그 언니들이 무사히 멀리 떠났으면 좋으련만, 그 다음날 잡혀왔지 뭡니까.

　아이쿠! 그 다음에는 말도 마세요. 6명을 두들겨 패서 곡소리가 기숙사에 울리도록 한 후, 옷을 홀딱 벗겨서 기숙사 방방마다 데리고 돌아다녔어요. 머리도 싹 밀어버렸더군요. 그런 꼴을 보면 무서워서 탈출은 엄두도 못 냅니다.

언니들을 끌고 다니는 사감 선생님의 한 마디에 오금이 저릴 정도입니다.

"네년들도 도망갔다가는 이런 꼴이 될 터이니 잘 보아라."
물론 사감의 겁박은 그 한마디에 그치지 않았습니다.

"네년들이 도망가면 네 식구들은 무사할 줄 아느냐? 배급이 끊어지는 것은 물론이고, 에비든 오래비든 저 화태 탄광에 끌려 갈 것이니 그리 알아라. 그보담 먼저 주재소에 불려가서 아주 요절이 날 것이야. 산업전사가 어디 감히 천황 폐하의 지엄한 령슈을 어기고 도망질을 친단 말이냐. 징용을 피해 달아나면 가막소[감옥]에 가도록 나라 법이 그렇게 되어 있단 말이다."

아이쿠, 가족들의 배급을 끊으면 생으로 굶게 되니 여간 큰 일이 아니지요. 더구나 아버지와 오라버니가 징역살이를 하거나 무시무시한 화태 탄광으로 끌려간다니 참으로 무서운 일입니다.

우리 사정이 이러하니 그저 참고 있을 밖에요.

그래도 햇살이 그립습니다

　탈출을 했다가 걸리면 저렇게 치도곤을 당하는데도 탈출은 그치지 않네요. 공장 담을 넘다가 한번 걸린 언니가 세 번 만에 성공한 경우도 있어요. 두 번째 걸렸을 때 물어본 적이 있지요.

"언니는 아프지도 않우? 그렇게 맞으면서 왜 또 담을 넘으려고 했수? 그러다가 맞아 죽으면 어쩌우?"
"맞아 죽으나 마나 어차피 여기 있어도 죽기는 매 한가지니까"
"아니 왜 죽는단 말이우? 그냥 선생님들 말씀 잘 듣고 있으면 될 것을…"
"아이고 이것아! 잘 보아. 여기서 살아서 나가는 사람이 몇이나 있는지. 여기 있다가는 결국 다 죽고 말아. 폐병 걸리거나 각기병 걸려서…. 나는 여기서 죽기는 싫다. 그렇게 공장귀신이 되기는 싫다. 단 하루라도 바깥바람을 쏘이며 사람 사는 것처럼 살다가 죽고 싶지."

　아! 그렇군요. 어차피 여기 있으나 담을 넘다가 걸려서 맞아 죽으나 죽기는 마찬가지로군요. 그래서 그 언니는 목숨을 걸고 담을 넘었고 결국 성공했지요.

　이 언니 말고도 개중에는 이렇게 탈출에 성공하는 언니들이 있습니다. 새벽에 담을 넘어서 나가는 언니들도 있지만, 배포 크게 일을 저지르는 언니도 있더군요.

이 공장에서 오래 일을 하면 외출을 시켜주기도 합니다. 보통사람은 한 4~5년 지나야 얻는 횡재이지만 평소에 '선생님'들의 눈에 든 언니들은 그리 오래 지나지 않았는데 외출 허가를 받는 일도 있지요. 처음 외출에는 시간 맞춰서 공장으로 돌아오는데, 고 다음번 외출에서는 돌아오지 않고 유유히 떠나버리는 겁니다.

얼마나 준비를 많이 했는지 탈출자 잡아오는데 신출귀몰神出鬼沒한다는 '선생님'들도 잡아오지 못하더군요. 그런 일이 생기면 한동안 외출을 모두 막아버리고 공장 분위기도 험악하지만 속으로는 얼마나 통쾌한지 모릅니다. 어차피 외출이란 우리에게 돌아오는 행운도 아니고, 자기들이 믿었던 언니들에게 당한 꼴이니 어찌 통쾌하지 않겠습니까.

그러나 나는 그저 부러울 뿐입니다. 세 번 만에 성공한 언니, 외출을 틈타 유유히 떠나버린 언니…. 나는 그럴 용기가 없습니다. 그러나 나도 밖으로 나가고 싶어요. 이대로 공장 귀신이 되기는 싫습니다. 비록 용기도 없고 기회도 없지만 그래도 햇살이 그립습니다. 이를 어찌해야 할까요?

지옥철, 1945년 여름

봄이 지나고 여름이 되었습니다. 농사꾼에게도 여름은 덥고 힘든 시절이지만 방적공장의 여름은 지옥철입니다. 평소에도 후끈거리는 공장안의 온도는 여름이 되자 오를 데로 올라서 말로 형언하기 어려울 정도입니다. 땀이 비 오는 듯하고 숨이 턱에 차서 움직이기도 어렵지요. 거기에 잠도 못 자고 먹는 것도 부실해서 그런지 몸이 말을 듣지 않네요. 그러니 일이 제대로 될 턱이 없지요.

그런데도 '선생님'들은 우리 등짝에 채찍까지 휘두르며 극성을 부립니다. 이놈의 '선생'인지 귀신인지는 그냥 벼락이나 맞았으면 좋겠습니다. 말이 선생이지 무엇 하나 가르쳐주는 법 없이 호통이나 치면서도 줄곧 '선생님'이라고 부르라지요.

내 나이가 이제 열 한 살인데, 희망이 없습니다. 집에 갈 희망도, 가족을 만날 희망도, 배불리 먹을 희망도, 바람 부는 나무 그늘에 앉아 쉴 희망도, 아무 것도 없습니다. 이것이 그렇게 이루기 힘든 희망인가요. 내 또래의 아이가 누릴 수 있는 최소한의 바램 아닌가요. 그런데 도저히 이루어지기 어려운 꿈인가 보네요.

어제 밤에는 지친 몸을 이끌고 기숙사에 들어와 누웠으나 심난한 생각만 들더군요. 이렇게 사느니 그저 딱 죽었으면 싶다는 생각만 들고요. 그래도 아침을 맞으니 어젯밤 보다는 마음이 조금 나으네요.

생목숨을 끊기 보다는 무슨 방도를 만들어야겠다는 생각도 듭니다. 올 봄에 공장 담을 넘은 옆방 언니 이야기가 떠오릅니다.

'맞아 죽으나 마나 어차피 여기 있어도 죽기는 매 한가지'라던, '단 하루라도 바깥바람을 쏘이며 사람 사는 것처럼 살다가 죽고 싶다'던 그 말이 생각납니다.

그래요. 나도 올해를 넘기지 말고 결단을 내려야겠습니다. 아무리 어리다 해도 언제까지 이렇게 있을 수는 없어요. 단 하루를 더 살아도 사람답게 살아야겠어요. 이것은 사람이 사는 삶이 아니에요. 그동안 우리는 사람이 아니었어요. 비록 내가 배운 것이 없어서 글도 못 읽고 아는 것도 없지만 이렇게 사는 것이 사람 사는 길이 아니라는 것은 확실히 느껴집니다.

'올해를 넘기지 말자! 그러려면 일단 기운을 차려야 해. 그리고 길을 찾아봐야지.'

냄새나는 안남미를 열심히 우겨넣으며 다짐하고 또 다짐해봅니다.

드디어 열린 공장문

열렸습니다.

드디어 문이 열렸습니다.

공장과 기숙사, 식당으로 연결된 내가 일하던 이 건물의 출입문이 열렸습니다.

공장 정문도 열렸습니다. 공장에 들어올 때 처음 보았던, 사자 아가리처럼 무서운 모습을 하고 있던 공장의 육중한 문이 열렸습니다.

살아서는 나갈 수 없다던 문이었는데, 죽어서야 나갈 수 있다던 문이었는데…. 어떻게 열렸을까요?

지긋지긋하던 왜놈의 시대가 끝났기 때문이지요. 며칠 전 정오에 라디오라는 기계 앞에서 웅얼거리는 소리를 들은 이후에 갑자기 공장의 기계는 멈췄습니다.

 방송 끝나고 그 다음 날 급히 열린 조회에서 동그란 안경을 쓰고 국민복을 입은 높은 양반이 말했습니다. '전쟁이 끝났다'고, 그래서 '군복을 만들 필요가 없어졌다'고, 그러나 '당국의 지시가 있을 때까지는 경거망동하지 말고 조용히 기다려야 한다'고, '지시를 어기고 마음대로 행동하다가 걸리면 요절이 날 줄 알라'고….

 이 소리를 듣고도 나는 잘 몰랐습니다. 전쟁이 끝났다는 것이 무엇을 의미하는지 잘 몰랐습니다. 그저 '일을 하지 않아도 되는 구나'라는 생각만 했지요. 저 공장 문이 열린다는 생각은 하지 않았습니다. 그런데 '선생님'들이 이야기해주었습니다. 이제 집에 갈 수 있을 것이라고요. 조선이 해방되었다고요. 사실은 자기들도 조선 사람이라고요. 그 후로는 무서운 눈매로 쳐다보지도 않고 말도 곱게 합니다. 왜놈 말만 쓰고 하도 못되게 굴어서 진짜 왜놈인 줄 알았는데, 우리와 같은 동포였다니요.

 그러나 지금은 그게 중요한 것이 아닙니다. 중요한 것은 우리가, 내가 살아서 저 큰 문을 나설 수 있게 되었다는 것이지요. 옥선이 언니나 금옥이 언니처럼 기숙사에서 죽어나가지 않고 살아서 나갈 수 있게 되었다는 것입니다. 왜놈이 망하고 조선이 해방되었다는 것입니다. 우리가 더 이상 몹쓸 욕설과 손찌검을 당하지 않아도 되는 세상이 되었다는 것입니다. 쥐에게 발뒤꿈치를 물리는 어둡고 습한 기숙사를 떠나 바람이 살랑거리는 고향집으로 갈 수 있게 되었다는 것입니다.

그저 눈물이 흘렀습니다. 아무 이유도 없이 눈물이 흘렀습니다. 나 뿐만이 아닙니다. 공장의 언니들도 서로 끌어안고 그저 울었습니다. "아이고야야! 우리가 살았다 아이가! 이기 꿈이가 생시가?" "우리도 인제 집에 갈 수 있다네요." 하며 울고 또 울었습니다.

무사 귀가!

이것이 우리가 맞은 해방입니다. 열한 살 꼬맹이가 맞은 해방입니다.

참고문헌

조선일보, 조선중앙일보

細井和喜藏, 『女工哀史』, 岩波書店, 1954

김윤환, 『조선노동운동사1』, 청사, 1981

『사진으로 보는 독립운동 하』, 서문당, 1987

板垣龍太, 『朝鮮近代の歷史民族誌 - 慶北尙州の植民地經驗』, 明石書店, 2008

정혜경, 『조선청년이여 황국신민이 되어라』, 서해문집, 2010

정근식, 「일제하 鐘淵방적의 잠사업 지배」, 『사회와 역사』 2, 1986

강이수, 「1930년대 면방대기업 여성노동자의 상태에 관한 연구」, 이화여자대학교 박사논문, 1991

김경남, 「1920,30년대 면방대기업의 발전과 노동조건의 변화」, 『부산사학』 25·26, 1994

일제강점하강제동원피해진상규명위원회, 『직권조사보고서 – 조선여자근로정신대 방식에 의한 노무동원에 관한 조사(연구자 김미현)』, 일제강점하강제동원피해진상규명위원회, 2008

김윤미, 「總動員체제와 근로보국대를 통한 '國民皆勞' - 朝鮮에서 시행된 근로 보국대의 초기 운용을 중심으로(1938~1941)」, 『한일민족문제연구』 14, 2008

鄭惠瓊, 「戰時體制期韓半島內人的動員(勞務動員)被害-死亡者現況を中心として」(强制動員眞相究明ネットワーク, 强制動員眞相究明全國硏究集會「日本の朝鮮植民地支配と强制連行」, 2011년 5월 28~29일 발표원고)

정혜경, 「노무원호제도와 조선인 노무동원」, 『일본제국과 조선인노무자 공출』, 선인, 2011

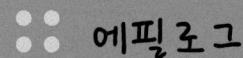

처음 원고를 받았을 때 느낀 건 '이를 어쩌나'였습니다. 생각보다 무거운 내용이 그러했고, 사실을 배경으로 쓰인 픽션이기에 어떻게 표현해야 할지 무척이나 난감했었습니다.

이 책은 우리네 할머니, 할아버지들의 이야기. 조금 더 일찍 태어났다면 어쩌면 '나'와 '우리'가 겪었을 이야기입니다.

학교에서 나라를 위해 목숨 바치신 분들에 내해 배우며, '위대하고 대단하다'하는 이야기를 들으며 고개만 끄덕였을 뿐. 그저 시험을 위해 달달 외워야 했던 '지난' 역사였을 뿐. 그 이면에 감추어진 사람들과 아픔에 대해서는 생각지 않았습니다.

작업을 하면서 가장 힘들었던 건 개인적인 일들이나 육신의 아픔보다도 자꾸 '외면하고' 싶어지는 마음 때문이었습니다.

왜 알아야 하는지, 굳이 알 필요가 있는지. 수많은 물음이 작업 내내 머릿속을 들쑤셨습니다.

저와 같은 생각을 하는 사람들이 많을 것이기에, 부디 함께 생각하길 바랍니다. 지금의 풍족함이 있기 위해 우리네 어르신들이 겪어내야 했던 것들을. 지금의 여유로운 삶을 위해 우리네 어르신들이 뱉어내야 했던 자유를.
작업을 끝마칠 무렵엔 먹고 싶은 것을 먹고 싶을 때 먹고, 자고 싶을 때 마음껏 자고 하는 아무것도 아닐 일상이 새삼스러웠습니다.

다시 한 번, 그러나 조금 호되게. 스스로를 돌아볼 수 있는 기회를 가질 수 있게 해주신 정혜경 박사님께. 늘 든든한 후원자를 자처하시는 막내고모께 감사를 전합니다.

2013년 6월 월아